W0368978

Pali Meller

Papierküsse

Briefe eines jüdischen Vaters aus der Haft
1942/43

Herausgegeben von Dorothea Zwirner

Klett-Cotta

Klett-Cotta
www.klett-cotta.de
© 2012 by J. G. Cotta'sche Buchhandlung
Nachfolger GmbH, gegr. 1659, Stuttgart
Alle Rechte vorbehalten
Printed in Germany
Umschlag: Rothfos und Gabler, Hamburg
Gesetzt aus der Rockwell von Kösel, Krugzell
Gedruckt und gebunden von Kösel, Krugzell
ISBN 978-3-608-94699-4

Bibliografische Information der Deutschen Nationalbibliothek. Die Deutsche Nationalbibliothek verzeichnet diese Publikation in der Deutschen Nationalbibliografie; detaillierte bibliografische Daten sind im Internet über <http://dnb.d-nb.de> abrufbar.

Inhalt

Der ungarische Architekt Pali Meller wurde wegen seiner jüdischen Herkunft denunziert und am 23. Februar 1942 in Berlin verhaftet, wo er als Witwer mit seinen beiden Kindern Paul und Barbara lebte. Aufgrund eines gefälschten Herkunftsnachweises und sogenannter Rassenschande verurteilte ihn ein Sondergericht am 3. August 1942 zu sechs Jahren Zuchthaus in Brandenburg-Görden. Nach dreizehn Monaten starb er dort am 31. März 1943 im Alter von 40 Jahren.

Aus der Zeit seiner Gefangenschaft sind 24 Briefe und zwei Postkarten an seine elf und sieben Jahre alten Kinder und die sie versorgende Haushälterin Franziska Schmitt erhalten. Diese Briefe – so wunderbar wie traurig, so liebevoll wie ernst, so poetisch wie pädagogisch – sind nicht nur ein Zeitdokument ersten Ranges, sondern auch ein literarisches Zeugnis, aus dem die väterliche Liebe in allen Schattierungen ihrer hilflosen Verantwortung spricht. Damit hat Pali Meller ein Vermächtnis hinterlassen, das über den privaten Familienkreis hinaus eine breite Öffentlichkeit verdient.

Die Briefe liegen in einer von Barbara von Sell angefertigten Abschrift und teilweise in Fotokopien der Originale vor. Offensichtliche Schreibfehler wurden für diese Ausgabe stillschweigend korrigiert, ss/ß-Schreibung und Kommasetzung behutsam nach Mellers Usus vereinheitlicht.

[1] **(ohne Datum)**

Meine Lieben!
Ihr habt jetzt lange nichts von mir gehört und wart sicher schon in Sorge. Aber dazu habt Ihr keinen Grund, denn es geht mir gut, und ich denke viel an Euch; auch träume ich oft von Spaziergängen und lustigen Sachen, die wir zusammen unternehmen, und so lässt sich die Trennung schon ganz schön überbrücken.

Ich habe von Barbaras großem Erfolg gehört, und Ihr könnt Euch denken, wie gerne ich dabei gewesen wäre. Aber ich kann ruhig behaupten, dass ich dabei war, so stark habe ich mir jede Bewegung vorgestellt. Wie im Film.

Nun Alte! Ich gratuliere Dir. Ich nehme an, dass Pila zu Ehren dieser Premiere ein Gedicht geschrieben hat, und es wäre schön, wenn Ihr mir dies schicken wolltet. Ich habe die Zeitungen so ziemlich verfolgt, aber ich fand keine Kritik über »Betas Solisten«. Wenn Ihr eine habt, so schickt sie mir ein. Auch von Rainers Doktorat habe ich gehört.[1] Meine Glückwünsche für das Wunder! Er muss jetzt nur achtgeben, damit er nicht größenwahnsinnig wird. Ich freue mich jedenfalls mit ihm. Furchtbar finde ich Peters Tod![2] Furchtbar auch das Schicksal der Frau, die Frau noch war. Viele trifft jetzt dies Los, aus dem es kein Zurück mehr gibt. Wie schnell sagt man im Leben auf Geschehnisse, die selbstverschuldet oder schicksalhaft sind (darf man diese Trennung überhaupt machen?), dass sie »furchtbar« sind! Furchtbar ist nur der Tod wegen seiner Endgültigkeit, Unwiderruflichkeit! Alles was vergänglich ist (im Sinne der Zeit), ist tragbar. Ob schwer, ob leicht hängt von der Stärke der Seele ab! Es gibt sicher Menschen, die nicht zu brechen sind.

Es kann sein, dass ich noch lange von Euch fortbleibe. Aber ich werde Euch schreiben, und ich werde auch von Euch hören. Ihr 3 müsst aber wie Pech und Schwefel zusammenhalten, und ihr müsst Franzi blind gehorchen. Auf ihr ruht jetzt alles, sie ist jetzt der Kapitän.

Wenn Ihr Poelzigs[3] schreibt oder Ella[4], so grüßt herzlich von mir und überbringt mein Beileid an Prof. Bartning. Euch 3 umarmt in großer Liebe Papa

[2] **(ohne Datum)**

Meine Lieben! Wie habe ich mich mit Eurem Brief gefreut! Franzi wollte wohl Tinte sparen und schrieb nicht, dafür war aber Barras Tintenbrief die große Sensation. Für Deinen Brief, Pila, muss ich extra danken! Auch will ich auf ihn näher eingehen, auch auf Deine Gedichte. So ein tagebuchartiger Brief ist für mich die einzige Form, in der ich etwas mitzuerleben fähig bin, und Du weißt, dass ich nur Geschichten liebte, die so begannen: »also, wir sind aufgestanden … etc.«

Diese Form beherrschst Du meisterhaft, und ich hoffe, dass ich recht bald den zweiten Teil bekomme. Auch über Barras Auftreten, da ich keinen Bericht bis jetzt darüber habe. Im Brief wie im Gedicht klingt eine gewisse Wehmut, die zu beherrschen Dir nicht ganz gelingt. Ich weiß, Du hast es nie leicht gehabt und empfindest die jetzige Trennung von mir schmerzlich. Dazu ist kein Grund, denn geistig sind wir bei einander, und ein anderes Beieinandersein gibt es nicht, wenn man den Dingen auf den letzten Grund geht. Also Kopf hoch, was auch geschieht, es lebe das Familienlied. So bin ich selbst zum Reimen gekommen, was mich gut zu Deinen Gedichten überleitet: Also! Dein Gedicht ist sehr schön, die Stimmung echt, ja sogar so echt, dass ein Freund von mir (über den ich noch schreiben werde) beim Lesen des Gedichtes sagte: »Eine Stimmung wie in Zingst«. Nur spielst Du etwas viel mit Worten, treibst Wortakrobatik, hast zu viele Farben auf der Palette, bist zu reich und verlierst viel an Klarheit. Das Gedicht II (Alltag) gut im Schwung, inhaltlich etwas müde und enttäuscht für Deine 11 Jahre, geht so weit, Worte zu erfinden!! Was ist »Grunden«?? Es reimt sich zwar auf verschwunden, aber das ist auch alles. Das Wort am Ende des Gedichts gibt ihm Inhalt! Wenn ein Satz 100 Worte hat, davon sind 99 sinnvoll und das letzte sinnlos, so fällt das ganze Gebäude zusammen. Also mein Alter! Etwas zurückschrauben auf die Klarheit der Zeit, wo Du noch schriebst »Doch unsere Liebe, die hat Räder etc.« Über mich selber: es geht mir gut, das verdanke ich zum Teil dem Freund, den ich vorhin schon erwähnte! Stellt Euch vor: ein lebendes Märchenbuch. Seien es fremde Länder der ganzen Welt, seien es Gedichte oder Gedanken aller Zeiten, man muss nur antippen an dieses Wunderwerk und schon sprudelt es aus seinem Mund in tausend Farben, unendlichen Formen, greifbar, riechbar, wunderbar! Ihr könnt Euch nun denken, dass ich nicht nur antippe, sondern richtig davon melke und mich satt trinke an all den Dingen, die ich noch nicht kannte! Sonst habe ich recht viel zu tun, aber auch Zeit zum Lesen. Habe jetzt Dickens gelesen und lese jetzt einen dicken Amerikaner von 1200 Seiten. Schreibt mir recht bald viel u. lustig.//Freitag habe ich Franzi vergeblich erwartet! 14 Tage waren um.//Von mir werdet Ihr alle 2 Wochen Nachricht haben, aber schreibt Ihr mir wöchentlich! Seid alle 3 umarmt von

Papa

Schickt mir Fotos von Euch!! Beinahe vergessen! Fröhliche Ostern! Mit viel Eiern und Küssen von mir!

Lieber Pila u. Barra! Heute ist Ostermontag und natürlich denke ich an Euch! Herrgott, welch Glück daran zu denken, wie schnell die Zeit vergeht! Wisst Ihr noch wo wir vor einem Jahr waren? In Siebischau.[5] Es kommt mir vor, als ob es vorige Woche wäre, als Pila in Obernigk in den Zug stieg, und ich sehe das freche Gesicht der Barra, mit dem sie uns empfing und uns ihr »Schloss« zeigte, um dann bald zu verschwinden und sich recht wenig um uns arme Fremde zu kümmern. Alles weiß ich noch. Die erste Nacht, das erste Essen. Und das soll schon ein Jahr her sein? So vergeht eben jede Zeit, auch die, die mich von Euch trennt. Nachher ist alles wie im Traum: Kurz und unwirklich.

Ich lese jetzt ein tolles Buch: Antonio Adverso.[6] 1200 Seiten groß, spielt in der ganzen Welt, glitzert von Farben und tausendfältigem Leben. Das Leben eines Mannes von Mut, der vor nichts Gewagtem zurückschreckte und seinen Weg ging. Seinen Weg? Ich glaube immer mehr, dass es das nicht gibt; alles ist vorgezeichnet und alles Gute wie auch das Böse hat seinen Platz in diesem Gesamtbild, das wir Leben nennen, und in dem wir nur kleine Bausteine sind. Ich sehe Pila vor mir, wie er wieder lacht! Über seinen predigenden Vater. Wenn ich schreibe, falle ich immer in diesen Ton, wenn ich aber bei Euch wäre, säßet Ihr auf meinem Schoß eingehüllt in unendlich vielen Küssen von Eurem Papa. Schreibt mir bald. Ich habe erst einen Brief. Liebe Franzi, Sie ahnen nicht, wie es mich freute, Sie gesehen zu haben, doch macht mich Ihre Traurigkeit so traurig! Hören Sie zu:

Wir sprachen mal davon, was das Leben ist? Es ist eine Aneinanderreihung von Verantwortungen, eingerahmt in Ängste. Verantwortung = Pflichterfüllung mit Weitblick für die Zukunftskonsequenzen. Solche Pflichten hat man sich, seiner Familie und Freunden gegenüber, dem Staat, der Gesellschaft und seiner Arbeit gegenüber. Die einrahmende Angst ist die Furcht, dies nicht alles restlos erfüllen zu können, und ist notorische Triebfeder des Handelns. Erlangte Harmonien dieses Handelns sind das »Glück«. Ist nun von außen her das Handeln unmöglich geworden, hören die Pflicht, die Verantwortung und damit das Leben auf? Komische Schlussfolgerung! Und irgendwo falsch! Ich kannte einen Mann, der nach verschiedenen finanziellen Schiffbrüchen am Ende seines Rates war, und als der Weltkrieg ausbrach, glücklich zu den Fahnen eilte nicht nur aus Patriotismus, sondern beschwingt durch die enthobene individuelle Verantwortung vor der Zukunft. Ich traf Menschen, die im Leben wie Hasen gehetzt und gejagt wurden und aufatmeten im Gefängnis, weil dort Ruhe war. Also hört das Leben mit dem Aufhören der individuellen Verantwortung nicht auf, sondern wird nur *unwirklich*! Solange man handelt, gibt es z. B. Glück und Unglück, man sagt, man sei seines Glückes Schmied, ja es gibt sogar Leute, die sagen »Glück ist eine Eigenschaft«. Wenn die Handlungsfreiheit aber aufhört, was tut dann das Glück?
Es wird zu »Glücksfällen«, entzogen aller unserer Einflüsse, also *unwirklich*! Ein Mensch kann einen Wagen

schieben, wenn es sein muss sogar zwei, der Riese schiebt drei. Dazu muss er aber außerhalb des Wagens stehen, also im Leben. Ist er aber *im* Wagen, so nutzt ihm seine Kraft nichts, wenn auch der Wagen kinderleicht ist. Seine Kraft ist nach wie vor da, sie wirkt aber nicht mehr, sie wird *unwirklich*! Dieses Leben der Unwirklichkeit führe ich jetzt samt seinem beschaulichen »unwirklichen« Glück. Alles, was handeln kann, ist in mir gebunden, nur mein Geist und meine Fantasie schweben über alles hin.

Doch gab mir Gott einen Arm zum Handeln, nicht für mich, sondern für die Kinder, gab mir also großes Glück. Und dieses Glück sind Sie. Und Sie werden handeln, bis ich wieder da sein werde.

Herzlichst PM.

[4] **(ohne Datum)**

Meine Lieben! Zuerst habt Dank für Euren Osterbrief. Ich habe mich riesig damit gefreut. Barra ist wie immer meine richtige »Olle« und in den paar Zeilen sagst Du nicht nur, was es wichtiges in dieser Welt gibt, sondern zeigst ganz genau, wie Du selber bist. Nur würde ich mich noch mehr über Deine Tintenbriefe freuen, wenn die Buchstaben alle so: /////// und nicht so: /\\/\/\\ liefen! Also bis zum nächsten Mal. Und Pilusch, Du mit Deinem Riesenbrief! Ich sehe, dass wir Deine Tagebuchform des Briefes nicht werden aufrechterhalten können, sonst hinkst Du mir immer fünf Wochen nach. Machen wir es so: entweder beschreibst Du mir nur die »großen« und »wichtigen« Tage, oder Du machst einen großen Sprung und beschreibst mir nur immer die vorangegangene Woche. Zu Deinem Brief. Als erstes: Mein Freund, dem ich alles Ungeschriebene wunschgemäß sagte, lässt Dich herzlich grüßen. Wir haben Deinen Brief gemeinsam gelesen und seinen Inhalt sehr gründlich durchgesprochen. Darüber will ich Dir jetzt schreiben. Was Du über die innere Entstehung Deiner Gedichte sagst, das verstehe ich gut und glaube, dass jede schöpferische Äußerung des Menschen, aus dem Traumbild der Phantasie geboren, seinen Weg nach Außen nimmt. Es ist eine Kraft in uns, die zur Geburt treibt. Lebensfähig ist diese Geburt, genau wie das Kind, erst dann, wenn es lange genug »getragen« wurde, reif geworden ist – in unserem Fall also – Form angenommen hat. Ein Gedanke kann unreif, halb oder ganz reif aus unserem Inneren an das Tageslicht kommen; ist fast ohne Verpflichtung. Das Gedicht aber ist die höchste Verbindung zwischen Inhalt und Form, so stark, dass sie ineinander verschmelzen, d. h. eins werden. Ein Gedicht ist Musik und Rhythmus gewordener Gedanke. Denn die Form, Reim und Rhythmus sind die Unterstreichung des Gedankens, die sieghafte Bemeisterung der Sprache, die Flügelgeber der Gedanken. Weh dem »Dichter«, der zu seinen Reimen die Gedanken sucht!!

Pass also auf, Alter. Über die Musik mit a–a, b–b oder a–b, a–b haben wir schon gesprochen. Auch über die Silbengleichheit oder Ähnlichkeit:

alles Tagsverlangen	a 6 Silben
Ist zur Ruh gegangen	a 6 Silben
Zu Dyonis dem Tyrannen schlich	a 8 Silben
Damon den Dolch im Gewande	a 8 Silben

Soviel von der Form! Bei der Verschmelzung der Form mit dem Inhalt kann nun dem »Dichterling« passieren, dass er in den ersten zwei Zeilen noch klar denkt, die zweiten zwei Zeilen aber bloß des Reimes willen hinsetzt:

z. B.

die Kraft des Lebens lockte ihn	Sinn
und führt ihn weg ins Weite	
doch kam er dann nur bis Ketzin	Unsinn
der Rest war eine Pleite	

Diese Schreckensform der Dichtung wirst Du sehr viel bei der Jugend finden.

Dein Gedicht »Heimat« ist wunderschön und echt in den Gedanken, tief und dichterisch empfunden und leidet Schiffbruch an der Form, verliert Schwung und Klarheit.

HEIMAT

Wo immer die Tage mich führten hin
Und wars auch zum Glück und zur Güte,
Blieb die Heimat mir immer in meinem Sinn
Welch Glück wenn der Heimkehrtag blühte

Das war der König unter den Tagen
Erhöht aus der Masse der Vielen
Ich sah ihn erhoben über mir ragen
Alle anderen konnt er besiegen!

Und lebte man gar in Saus und Braus
und hatte man's gut wie Keiner,
Da ruft etwas »Du musst nach Haus«
Dort wartet man lange schon Deiner

Von wo erklingt dies mahnend Rufen,
das treibend weist zur Heimat hin?
»Lös dich vom Ort, den andre schufen!«
Dies scheint der Mahnung tiefrer Sinn.

Die Heimat zieht mit magnetischer Kraft
mehr als dein »Ich« sich kann wehren
Und glaubst Du, Du hättest es doch geschafft,
musst bald Du als Sieger sie ehren!!!

Was habe ich hier gemacht??

Ich habe *Deine* Gedanken genommen und versucht, sie rhythmisch-zwanglos in Form zu bringen und habe ihnen durch größere Klarheit ein Stück Wahrheit abgerungen. Ich will nicht sagen, dass »meine« Umdichtung *gut* ist! Aber der Vergleich zwischen meinem und Deinem Gedicht sagt Dir alles, was ich zu diesem Thema sagen will und in zehn Seiten nicht besser ausführen könnte. Dasselbe gilt für Dein Gedicht »Ali«. Du siehst, es ist nicht Kritik bei mir, sondern der Wille, Dir zu helfen.

Aus Barras Brief höre ich von Deinem Zeugnis, über das Du allzu diskret schweigst. Schicke mir genauen Bericht. Mir geht es weiter recht gut, und ich hoffe auf den Frühling, der scheinbar auch noch stark mit der Form ringt. Seid alle drei herzlich umarmt und ihr beide innig geküsst von Eurem

Papa

Meine Lieben
Zu allererst meine olle Barra! Was war doch Dein Tintenbrief schön! Ein Meisterwerk! Ich habe den Brief geöffnet und dachte erst, dass gar nicht Du ihn geschrieben hast, denn ich war überzeugt, dass der ganze Brief von Pila war. Auf den Gedanken, dass Du schon solche Tintenbriefe fertig bringst, kam ich gar nicht, und Du kannst Dir denken, wie stolz ich war. Dazu dann noch die Osterzeichnung – mit anderen Worten, ich hatte mein Geschenk. So und noch länger musst Du mir immer schreiben. Jetzt kommst Du, Pila! Es ist ein ziemlich seltener Fall, dass Vater und Sohn sich alles brieflich sagen müssen, aber wenn man bedenkt, dass im normalen Alltag es fast nie zu richtigen Aussprachen kommt, und man mehr neben- als miteinander lebt, vor lauter Betriebsamkeit nicht zum Handeln kommt, Gefühle und Stimmungen ein vermeintliches, allmähliches »sich und einander Kennen« vermittelt, aus dem man oft mit Schrecken beim ersten Windstoß einer Meinungsverschiedenheit aufwacht und erkennt, dass man einander eben »anders« vorgestellt hat, so glaube ich immer mehr, dass wir mit Gewinn statt mit Verlust aus diesem Briefwechsel herauskommen werden. In Deinem, mir sehr lieben Osterbrief schreibst Du über Stimmungen, die so zart sind, dass Du Angst hast, sie anzustoßen, weil die Furcht, dass diese Seifenblasen der Fantasie platzen könnten, zu groß ist. Du fragst, ob ich dies kenne und verstehe? Natürlich, mein

Liebling, kenne ich das! Mehr noch, ich weiß auch, was man damit anfängt oder besser noch: ich weiß, wie man diese bunt schillernden Kolibris einfängt, behält und zu einer Art Wirklichkeit verhilft! Was tut der Dichter, dessen Freude, Angst oder Leid zu Rhythmen wird, was der Musiker, dessen Sehnsucht nach dem Unendlichen in Tönen seine Form erhält, was der Architekt, der im begrenzten Raum die ewige Musik des Allraums zum Sinnbild werden lässt – was tun also die Künstler unter Gottes Sonne anderes, als mit tiefer Demut ihre Seelen zu öffnen, in denen solche Stimmungen geboren wurden und denen sie mit zarter helfender Hand den Weg ins Leben ebnen. Pass also auf!! Der Träumer freut sich des zarten Bildes; der Künstler bläst ihm Odem ein und erweckt es zum Leben. Die Kraft, dies zu tun, macht erst den Träumer zum Künstler.

Genug jetzt mit dem Ernst. Das Theaterstück »Der Raub der Sabinerinnen« kenne ich nicht. Aber was tut das? Ich drückte bloß auf den Knopf meiner unerschöpflichen Märchenmaschine und schon musste ich lachen über den komischen Direktor Striese.[7] Wer hat diese Rolle gespielt, lässt er Dich fragen? Was heißt das »ich bin Poe-müde«?[8] Man kann sich sicher an allem der Welt überfressen; deshalb frisst man nicht, sondern isst mit Maß. Dann kann einem nichts passieren. Aber schreibe mir darüber. Aber neue Gedichte möchte ich bald sehen. Aber vorerst erwarte ich mit Schrecken Deine Gegenkritik auf meine »Umdichtung« Deiner Verse. Jetzt seid 1000-mal umarmt und geküsst von Eurem Papa.

Liebe Franzi! Folgende Bitten: 1.) beim Besuch ein Stück Seife (Genehmigung wie üblich) 2.) In Brief 2–3 blaue ungefütterte Briefumschläge legen. In nächsten Brief mehr! 3.) 1 Knetgummi!! Herzlichst PM

Meine Lieben! Olle Mutiputibarra! Während ich Dir schreibe, bist Du bei Monika oder Eveline und schlägst Dir den Bauch mit Kuchen voll. Und dass ich dies so genau weiß, verdanke ich Deinem Meisterbrief der 1.) schön geschrieben war und 2.) alles enthält, was ich über Dich wissen will. Im nächsten Brief schreibst Du mir über Kuhn und Tatjana[9] und dann hast Du mich wirklich glücklich gemacht. Aufwiederhören!!

Lieber Pila! Ich habe mich sehr über Deinen Brief gefreut, es wäre aber noch schöner, wenn Du statt Reihm REIM schriebest und statt were WÄRE (von war). Aber sonst!!!! Recht anregend und voll Witz ist Deine Art der Diskussion, wobei Deine Kritik am Vergleich »Kind und Gedanke« etwas weit geführt ist. (Man kann zwar sagen »Deine Augen sind blau wie das Meer«, man darf aber dann nicht gleich nach Dampfschiffen und U–Booten suchen.) Der zweite Vergleich mit dem Modellierton ist sogar so verblüffend, dass mein Freund und ich bis spät in die Nacht hinein daran herumdokterten, bis wir ihn an den richtigen Platz weisen konnten. Du rührst hier nämlich an die schwierigsten Gebiete des Denkens, bei denen sich schon mancher Fachmann die Zähne ausgebrochen hat. Bevor ich aber Deine Gedankenschleichwege aufkläre, will ich, so klar es geht, den Schöpfungsprozess (den menschlichen natürlich) aufzeigen: Von außen hereinströmend (Liebe, Schönheit etc.) oder von innen entspringend (Sehnsucht, Heimweh etc.), bemächtigt sich des Menschen ein *Gefühl!* Dieses Gefühl löst Gedanken aus, die ihrerseits dann wieder andere Saiten in Bewegung setzen, die dann zum Handeln oder ähnlichen Dingen führen können. Bleiben wir aber vorerst beim *Gedanken!* Diese müssen erst uns selbst verständlich sein. Verständlich ist Dir aber nur ein Mensch, dessen Sprache Du verstehst. Um Dich selbst verstehen zu können, musst Du also eine Sprache haben, die ihrerseits einen Wortschatz enthält. Es gibt also keine Gedanken, ohne das *Wort*, ohne die *Sprache!!*

Der Sprachunkundige, oder ein Wilder wird seine Gedanken, Gedanken, die seine Gefühle beschreiben sollen, mit Lauten, Bewegungen und Wortbrocken uns zu übermitteln versuchen. Der *Sprachkundige* wird zwischen Gedanken und Sprache eine so gute Freundschaft errichtet haben, dass wir ihn ohne weiteres verstehen und ein Bild erhalten von der Art seiner Gefühle. Dem begnadeten *Sprachbeherrscher* dient die Sprache so völlig, so befreit von jeder Last, dass sie wie Musik wird! Dieser begnadete Sprachbeherrscher wird zum *Dichter*, wenn er uns Gefühle vermittelt, die zwar in seiner Seele geboren sind, aber uns alle angehen, der das Besondere zum Allgemeinen werden lässt und dessen Musik uns beschwingt und mitreißt!! Also jetzt zu Deinem Beispiel, wo Du den »Stoff« Deiner Dichtung mit dem »Ton« des Bildhauers vergleichst. Der Modellierton des Dichters *ist die Sprache*, die nicht dadurch zur Kunst wird, dass er sie zum Reimen zwingt, sondern, dass sie mit oder ohne die Musik des Reimes über sich hinauswächst zu einem Etwas, das sie noch nie war, bevor der Künstler ihr seinen Odem einblies!! Durch diesen Brief habe ich Dir scharf die Grenze gezogen zwischen GEDICHT und KUNST. Das sinnvolle, gereimte Sprachgebilde ist Gedicht – Kunst wird es dort, wo es über sich herauswächst und uns alle ergreift!!

Dein Zeugnis ist recht miserabel, my old boy! Das Turnen sogar tragisch. Du musst Dich mehr zusammenreißen und musst lernen, auch nach außen hin Erfolge zu haben!!

Es küsst Euch beide mit inniger Liebe: Papa.

Liebe Franzi! Für Sie bleibt mir immer nur der Rest des Papiers, dafür aber die Hoffnung, Sie morgen sprechen zu können. Diese zweiten Montage sind mir so herrlich krafterhaltend wie die »Samstage«, wo die Briefe der Kinder kommen. Und was würde ich Ihnen auch auf 10 oder 100 Seiten anderes schreiben als das eine: wie dankbar ich bin, dass Gott Sie mir gab, und Ihnen, dass Sie seinen Willen so ausführen, wie Sie es tun! Herzlichst PM.

[7] **Berlin-Plötzensee, den 4. Mai 1942**

Königsdamm 7 – Haus III

Meine Lieben! Liebe Petrara! Ich habe geträumt, dass Du ein bisschen krank warst, aber dass alles gut und schnell vorbeiging! Davon musst Du mir schreiben, genau so süß und lieb, wie im vorigen Brief, für den ich Dir herzlich danke. Bei uns ist es recht kalt, und die Bäume wollen auch noch nicht blühen. Aber die Birken haben schon grüne Spitzen und in der Früh hört man die Vögel. Sei tausendmal geküsst!! Geliebter Pila! Zu Deinem Brief von rund fünfzehn Seiten will ich Anmerkungen machen, und zwar: 1.) Allgemein »menschliche«, 2.) Schulmeisterlich erzieherische, 3.) Formal stilistische, 4.) Väterlich beratende. Zu 1.) Mit jedem Wort, das von Dir kommt, und wenn es auch nur papperlapapp oder pitschipatschi hieße, freue ich mich, denn es kommt von Dir – den ich liebe. Zu 2.) Trotzdem schreibt man Haupt- und Dingwörter groß, auch bei der größten Eile. Worte schreibt man aus, ohne zwei bis drei Endbuchstaben zu schlucken. Schlampig sprechen ist schon hässlich, schlampig schreiben ist Sünde wider die Sprache. Genau so darf man die letzten zwei bis drei Worte eines Satzes nicht schlucken, auch wenn die Gedanken schon weiter gerast sind. Jeder Satz muss wie ein fertiges Bild dastehen, elegant und abgerundet, aus schönen erlesenen Worten gebaut und so klar sein, dass ein fehlendes Wort bereits den Sinn zerstört und ein Wort zu viel bereits die Farbigkeit als zu bunt erscheinen lässßt. Rein technisch *musst* Du daran denken: entweder man schreibt deutsch oder lateinisch. Scheußlich finde ich Worte wie »Besorgungen«.

Zu 3.) Furchtbar schwer ist die Form eines Tagebuchbriefes. Diese schwere Form wird Dir noch erschwert durch die Kenntnis meiner Vorliebe für Geschichten, die beginnen: »also wir sind aufgestanden«. Diese meine Lieblingsform bevorzuge ich aber nur, wenn ich weiß, dass eine spannende Geschichte folgt. D. h., ich ziehe mir den Genuss durch die Einschaltung der langen vorbereitenden Einleitung in die Länge! Ist das zu beschreibende Erlebnis an sich belanglos, so führt die gezogene Einleitung zur trügerischen Erwartung – also zur Enttäuschung! Es ist also ein Trick! Wenn ich BUMM sagen will, ist es wirkungsvoller – da überraschender –, wenn ich sage: pf, pf, pf … BUMM, statt wenn ich BUMM, BUMM, BUMM sage! Also können in der Tagebuchform alle Sätze wie »bin aufgestanden«, »habe Milch geholt«, »war bei Poe« wegfallen, außer wenn sie als Einleitung zu einer BUMM-Geschichte benötigt werden. Und jetzt komme ich zu Punkt 4.) – und ein jäher Schreck packt mich! Wenn ich den Tagesberichten die obigen Sätze abziehe, einschließlich der Feststellung, ob es warm oder kalt war an jenem Tag, so bleibt nur der Satz: »ES WAR NICHTS LOS!« Wie kann das passieren? Wer ist denn so arm!? Ich sagte zu meinem Freund: »Erzähle mir einen schönen Tag aus Deinem Leben«, und er sagte: »Ich habe ein erstes grünes Blatt gesehen – es war fast zu viel für einen Tag«. Erzähle mir noch einen Tag, sagte ich: »Ich habe ein Buch zu lesen begonnen, in diesem Zeichen stand der Tag«. Pali Liebstes, versteh mich jetzt recht: »*los*« ist nur im Kino immer etwas, und es sind Dinge, die von außen kommen und vergehen wie der Wind. Dieses Kino und das ganze falsch verstandene Leben lassen jetzt die Menschen auf der Lauer liegen in Erwartung dessen, dass »etwas los« sein soll!! Und der Mensch wird alt und stumpf und es war »nichts los«. Nur was ich *aus* den Dingen, die da »los« sind, *mache*, ist Leben, hat Sinn und Tiefe, und dieses »los« Sein ist oft nur ein »grünes Blatt« und greift tiefer als das Versinken einer ganzen Welt! Es ist unendlich viel »los« *in* Dir bei scheinbarem »nichts los« außer Dir – und von diesem Reichtum will ich hören, in jeder Form – im Notfall auch in der Form von »also wir sind aufgestanden«. Damit schließe ich diesen »FERNUNTERRICHTSBRIEF« – Servus Alter!

Liebe Franzi! Ich habe dieser Tage darüber nachgedacht: was ist ein »Heim«? ein »Zuhause«? Im Satz: »Ich *komme* von …« oder im Satz: »Ich gehe nach …« liegt mehr als in dem Satz »Ich bin …«. Vielleicht darum, weil etwas Gegenwärtiges unbewusster ist als Gewesenes oder Werdendes! Jene Kraft im Menschen aber, die fähig ist, das Gegenwärtige, in diesem Fall »das Zuhausesein«, einem bewusst zu machen, schafft erst ihm und den Seinen das »HEIM«. Eine ständig sprießende, lebendige Kraft ist es, nach der man sich sehnt, bei der man geschützt und geborgen ist – bei der man verweilen will!! Mit Angst denke ich daran, dass ich diese schöpferische Kraft nie hatte und, obzwar ich »Wohnstättenbauer« war, kein »Heim« für die Kinder zu verkörpern verstand. Auch dies also müssen Sie für die Kinder schaffen. Herzlichst PM. Grüße an alle Freunde und 1000 Küsse an die Kinder

1 Handtuch brauche ich zur Sprechstunde.

[8] **(Teil eines nicht vollständig erhaltenen Briefes, ohne Datum)**

Mein Pilafreund! Du sagst, ich drücke mich so »gesucht« aus, und Du brauchtest oft Franzis Hilfe. Ich versuche tatsächlich, mit knappsten Mitteln Gedanken zu Kurzsätzen zusammenzupressen; ich tue dies, damit Du lernst und siehst, wie die Sprache eine gefügige Dienerin der klaren Gedanken ist, und Du mit Franzis Hilfe diese Kondensmilch mit soviel Flüssigkeit auflösest, bis sie Dir gerade mundet. Das soll für Dich Gedankensport sein und schönes Spiel. Versuchs doch mal: einen ganzen Wust von Gedanken langsam einzudicken, bis dass ein guter klarer Satz daraus wird – und dann wieder aufzulösen. Vergiss auch nicht, dass es mein sehnlichster Wunsch ist, Dir in jedem Brief etwas von mir zu geben – im Notfall etwas, woran Du zu knacken hast! So bin ich z. B. gespannt auf Deine Antwort auf meinen Brief vom 4. 5. 42. Denn wer weiß, wie lange diese Briefe das Einzige sind, was wir einander geben können, und wir wollen diese Zeit nutzen und uns sättigen an dem Schönen, was sie uns gibt, und blind bleiben für alle Bitternis, die in ihr verborgen sein mag. Und Franzi ist an Deiner Seite, und Du wirst vielleicht jetzt erst klar gesehen haben, was sie Dir und uns bedeutet, jetzt wo ich weg bin, und sie außer dem Platz, den sie in Eurem Leben einnahm, auch noch den meinigen zu ersetzen bestrebt ist. Diese Kunst aber vollbringt sie – und ich kann ihr dafür nicht genug danken! Danke Du durch Dein Handeln für mich!!! Ein paar Tage nach Erhalt dieses Briefes ist es Pfingsten. Ich weiß nicht was man sich zu Pfingsten wünscht? Etwa fröhliche Pfingsten? Ich wünsche Euch schönes Wetter und reichlichen Fraß, gute Laune bei bestem Spaß. Vor einem Jahr war unser zweiter Siebischaubesuch. Es waren lustige Tage. Aber wir werden noch andere und vielleicht lustigere haben, und diesmal wollen wir uns mit diesem Bild begnügen.

Eine Bitte habe ich: tu in den nächsten Brief ein Bild von Mutti. Vielleicht die Totenmaske, denn davon gibt es zwei im Album. Dann habe ich eine Photoplatte mit dem schönen Bild von Kuhn, das soll Franzi kopieren lassen und mir schicken. Seid mir beide 1000-mal geküsst von Papa. Herzliche Grüße an Franzi und an Freunde.

[9] **Berlin-Plötzensee**

lo.5. + 17.5.42

Meine Lieben! Geliebte Langschreibebarra! Jeder Deiner Briefe wird jetzt schöner, und zum Glück auch länger und meine Freude daher auch größer. So wirst Du schön langsam meine 0 Fehler Muttiputti. Ich wünsche mir in Deinem nächsten Brief jetzt Folgendes: einen genauen Bericht darüber, was Du bei Kuhn machst und was bei Tatjana? Bis zum nächsten Mal sei geküsst von mir auf Nase, Mund und Backe! – Pilusch! In Deinem Brief (leider immer ohne Datum), ich schätze vom 2. Mai, sagst Du, dass Du mit ihm nicht zufrieden seiest. Das Gegenteil ist bei mir der Fall! Deine Anspielung auf das Laap I und Laap II ist guter alter Pilawitz, Dein Vergleich zwischen Essen und Fressen trifft zu und beruht auf einer guten, großen Erkenntnis! Was mir aber die meiste Freude machte und wo ich sah, dass Laap I u. Laap II eng zusammenhängen, gleich lautend denken und fühlen ist dies: in meinem Brief vom 4. 5. frage ich Dich nach Dingen, die mir schwer am Herzen liegen, und Du beantwortest mir die Fragen in Deinem Brief vom 2. 5. 42. Oder noch erstaunlicher: Deine Post vom 25. 4. hatte ich am 1. 5. in der Hand und dachte darüber nach, was sich wohl in Pila »innen« abspielt, während er von außen nur berichtet, »es war nichts los«. Im selben Augenblick, dass ich so dachte, saßest Du in der Knobelsdorffstraße und schriebst mir die Antwort. Ist das nicht köstlich? Sieht fast nach Gedankenübertragung aus!! Jetzt noch etwas, was mich beschäftigt! Es ist jetzt endlich Frühling geworden – und was für ein Frühling. Heute stehen die Obstbäume hier in voller Blüte, wo man vor einer Woche an dies ewig wiederkehrende Wunder noch nicht zu glauben wagte. Die Rosskastanien zeigen ihre Weihnachtsbaumblüten, klein und rötlich noch – in acht Tagen vielleicht schon ebenso stolz erblüht wie die Obstbäume heute. Herrlich schön! In dieser Zeit musst Du so viel wie möglich im Freien sein, zu Fuß oder zu Rad. (Ihr werdet doch endlich eine Pumpe »gefunden« haben!) Deine und Eure Spaziergänge *müssen* über die Hölderlinstraße hinausgehen (wobei Fam. Poe. sich auch etwas erholen wird von Eurer allzu großen Liebe) – denn etwas mehr Sport muss das Gleichgewicht halten zu meinem »Dichtersohn«, der es in Leibesübungen nur auf eine 5 zu bringen vermochte. Das höchste Ziel im Leben, wie in der Kunst, ist das Gleichgewicht zwischen der Erscheinungsform des Geistes und des Leibes. Und genau so, wie ich einen hohlköpfigen, hühnerhirnigen Muskelberg verachte, erweckt ein bizepsloser schlaffarmiger Weichheini, dessen Seele in den höchsten Regionen des Geistes schwebt, mein Mitleid! Alle Aufgaben, die das Leben uns stellt, müssen gelöst werden, alle Hindernisse genommen werden, und diese haben nun mal die Eigenschaft, wahllos mal an unseren Geist, mal an unseren Leib heranzugehen! Du weißt, wie wichtig diese Erkenntnis gerade für Dich ist. Halte Dich daran! Es sei auch von außen »etwas los«! Angriffsrichtung sei Dein Körper.

17. 5. 42. Meine Lieben! Durch schlechte Postverbindungen ist mein Brief nicht abgegangen, und wahrscheinlich werde ich von nun an nur alle 14 Tage schreiben können. Desto wichtiger ist mir Euer Wochenbrief. Inzwischen hat sich viel ereignet: Das Wunder der Baumblüte ist schon vorbei – ein heftiger Sturm treibt die Blütenflocken durch die Lüfte. Ein ausgeträumter Traum. Dafür haben die Kastanienbäume an der Südseite bereits ihre weißen Kerzen auf die Weihnachtsbaumblüten gesteckt und die weiten Wälder, die bisher wie Kulissen mit grünen Rändern sich hintereinander reihten, verschmelzen in ein einheitliches Grün. Aus dem Boden dringt der Keim unserer zukünftigen Nahrung. Dann erhielt ich Eure Bilder!! Eine unaussprechliche Freude! Sie stehen den ganzen Tag vor mir und überraschen und erheitern mich ohne Unterlass. Ich stelle mir die Bilder in verschiedenen Reihenfolgen auf und wandere mit den Blicken von Kopf zu Kopf. Jetzt stehen sie z. B. so, dass erst Pila in die Ferne guckt, etwas zweifelnd, aber doch vertrauend, dann Barra schwer den Mund beherrschend, um nicht zu sagen, »was seid ihr doch komisch«. Dann wieder Pila wirklich lachend, beim Anblick zum Lachen zwingend; ich höre, wie er eben sagt: »guut!!« Zuletzt wieder Barra – ganz Tänzerin und Dame, würdige Schülerin Tatjanas; eine kleine Königin, die von oben auf das »Volk« guckt. Dieses Spiel lässt sich durch Umstellen beliebig wiederholen. (Franzi soll Oma und meinem Vater solche Bilder schicken. Kleine genügen.) Das letzte Ereignis war Euer Brief vom lo. 5. 42.

Meine süße kleine Wunderalte! Nicht nur, dass Du

mir auf meinen Brief, den Du noch gar nicht hattest, antwortest, sondern die wunderbare Form und Deine Schrift ließen mich das Maul aufreißen, und ich musste ihn mit Kraft wieder schließen, sonst stünde er jetzt noch offen. Mach weiter so, Malakista, und Du bringst es noch weit in dieser Welt! Unendliche Extrapussis von Papa.

[10]

Berlin Plötzensee

den 31. Mai 1942 Haus III

Meine Lieben! Geliebte, süße Barramutti! Vielen Dank für Deinen Brief (er war zwar sehr schön, wenn auch nicht so schön wie der Vorige) – aber ein wenig faul seid Ihr doch gewesen, denn ich habe Euren Brief vier Tage später erhalten als sonst, und so saß ich zu Pfingsten ohne Nachricht von Euch da. Aber wenn ich daran denke, dass Ihr jetzt schöne Radtouren macht, so ist es mir sogar lieber, noch vier Tage länger zu warten, wenn Ihr nur jeden guten Sonnenstrahl mitkriegt. Denn ein bißchen komisch ist dieser Sommer – Regen, Blitz und lauter Donner! Wenn Du Deine Freundin Gisela[10] wieder siehst, grüße sie schön von mir. Und Du sei Millionen Mal geküsst und umarmt von Deinem Papa.

Liebster Pila! Auf Deinen Brief habe ich viel und recht lang zu antworten. Zuallererst muss ich Dir sagen, dass mich Eure Radtouren sehr freuen und ich solche Tagesausflüge mit Zelt herrlich finde – abgesehen davon, dass sie mir (wie in meinem letzten Brief schon erwähnt) für Dich wichtig erscheinen. Nun gibt's bald Badewetter und dann ist für Abwechslung gesorgt.

Du schreibst, dass Du »den netten Schwung« in Brief und Gedicht »verlernt« hast und Angst hast, mir ein Gedicht zu zeigen. Etwas Schuld an dieser Geschichte habe aber ich. Es gibt eine wunderschöne Geschichte von Gustav Meyrink über den Tausendfüßler.[11] (Ich glaube, Du kennst diese Käfer mit vielen Füßen.) Ein neidischer Frosch, der sich über die vielen Füße des Käfers ärgerte, fragte ihn nun wie folgt: »Sag mal, du Tausendfüßler, wie machst du das? Ich verstehe schon gut, dass du jeden zweiten Fuß rechts und jeden dritten Fuß links gleichzeitig hebst – auch sehe ich ein, dass die geraden Zahlen rechts, und die ungeraden Zahlen links gemeinsame Sache machen müssen, aber rätselhaft bleibt es mir, was jene deiner Füße machen, deren Zahl sich durch gerade wie durch ungerade Zahlen teilen lassen?« Der Tausendfüßler stand ganz entsetzt vor diesen Fragen und dachte zum ersten Mal im Leben über die Frage seiner Fortbewegung nach – aber wehe ihm!! Nachdenken bekam ihm nicht – er verhedderte seine Füße und blieb wie erstarrt stehen. Das war die Rache des Frosches. – Ich habe Dir so viel über Reim und Rhythmus, Gedanke und Sprache, Form und Inhalt, zuletzt noch über Kunst geschrieben, dass es Dir ging wie dem Tausendfüßler – Dein Mut ist eingefroren. Darum will ich mit dieser Form der belehrenden Kritik aussetzen, obzwar ich Dich bitte, die alten Briefe nochmals durchzulesen und über das bereits Gesagte nachzudenken. Dann wird sich alles durch die Kritik und Prüfung Aufgerührte legen, und das Leichtbeschwingte und Ursprüngliche wird wieder aus Dir hervorbrechen. Und das Neue wird dann doch besser und tiefer sein als das Gewesene, weil sich Schöpfungsdrang und Wissen zu einer Einheit geballt haben werden. Und dies war mein Ziel! Ich bin ja kein neidischer Frosch und Du kein Tausendfüßler! Zu Deinen drei Erlebnissen will ich Dir nun Einiges sagen. Zur Ersten »Die Geschichte mit der Frau«. Zum Verständnis dieser eigentümlich erscheinenden Gegebenheit musst Du Folgendes wissen: *Erstens*, die Wissenschaft hat festgestellt, dass Träume, die man hat, und wenn sie auch unendlich lang scheinen (z. B. eine Geschichte beinhaltend, die sich über Jahre erstreckt), nur Sekunden, ja oft nur Teile von Sekunden dauern. Das Hirn als Zentrum unserer Vorstellungswelt ist also fähig, blitzartig Bilder oder auch Filme entstehen und vergehen zu lassen. *Zweitens,* etwas sehen bedeutet einen Vorgang, wobei Lichtstrahlen, die die Umwelt reflektieren, in unser Auge kommen und dort einen genügend großen Reiz ausüben, um in unserem Bewusstsein bemerkt und aufgenommen zu werden. Nun fallen unendlich mehr Lichtstrahlen (die bereits Körper bestrahlt haben) in unser Auge, als wir bewusst wahrnehmen – und so geschieht jetzt mit Berücksichtigung dessen, was ich unter 1. gesagt habe Folgendes: Du gehst auf der Straße in der Stadt, und eine Frau fällt Dir auf. Sie bleibt Dir in der Erinnerung haften. Dann gehst Du mal spazieren, und in großer Entfernung biegt nun diese Frau um die Ecke. Da Du ein wenig döst (also in einem traumähnlichen Zustand bist), dringen die Lichtstrahlen, die die Erscheinungsform der Frau ausmachen, in Deine Augen nicht stark genug, um Dein Bewusstsein zu wecken, aber doch stark genug, um Erinnerungsbilder zu wecken. Du denkst also scheinbar zufällig an die Frau! 1/10 Sekunde später (Dir schien es eine lange Zeit) siehst Du die Frau erst bewusst – sperrst den Mund auf und denkst, es war ein Wunder. Man nennt diese Erscheinung »déja vu«, d. h. »schon gesehen«.

Das Erlebnis Obernigk ist nun fast dasselbe. Du siehst Haus und Menschen zweimal ganz schnell hintereinander. Das erste Mal nicht ganz, das zweite Mal ganz bewusst. Und plötzlich erinnerst Du Dich beim bewussten Erkennen an das unbewusste Erlebnis und fertig ist das »déjà vu«.

Was aber das dritte – das Kulosa-Erlebnis – anbelangt, so komme ich mit dem »déjà vu« nicht aus. Und das ist auch ganz gut so. Es begegnen einem im Leben immer ungeklärte, unerklärbare Ereignisse – die gerade durch dieses Unerklärbare zum Erlebnis werden! Und das sind dann die lebendigen Farbflecke in einem sonst »grau in grau« gehaltenen Alltagsbild. – Zuletzt noch was: ich will Dir keine Grenzen setzen, die da sagen – darüber sollst Du – und darüber sollst Du nicht nachdenken. Bei allem musst Du aber wissen, dass ich bei Dir bin, dass ich Dir helfen will und vielleicht auch kann, wenn Du mir nur immer alles schreibst, was Dich beschäftigt oder gar bedrückt. Und nun sei tausendmal geküsst von Deinem auf Nachricht wartenden Papa. Liebe Franzi, wieder kein Platz für Sie, außer meinen herzlichsten Grüßen in großer Dankbarkeit PM.

[11] **Bln. Plötzensee, den 7.6.42**

Haus III

Meine Lieben! Geliebte olle Barra! Ich gratuliere Dir zum »Ohne–Arme«. Ich bin ganz richtig stolz auf Dich. Schade, dass ich ihn nicht sehn kann – aber vorstellen kann ich ihn mir ungefähr. Schwerer fällt es mir schon, mir einen Flick–Flack mit einem Arm vorzustellen. Der scheint mir noch gefährlicher zu sein. Man vertraut dem Arm – und wenn er einknickt, so landet man mit Schwung auf dem Kopf. Gib nur ja Acht!! Bei Tatjana werden wahrscheinlich bald die Sommerferien beginnen – und auch Deine Schule dürfte in vier Wochen die Türe schließen. Dann machst Du mal richtig Ferien. Bloß ein bisschen Training, um nicht steif zu werden, und wöchentlich einen Brief an mich, um das Schreiben nicht zu verlernen. Sonst nur Spiel, Bad und Radtouren. Es ist ja plötzlich Hochsommer geworden und mit Spannung warte ich auf den ersten Bericht über Euren ersten diesjährigen Schwimmausflug. Du musst mir das ganz genau erzählen und beim Schwimmen daran denken: »langsam aber feste«, »geschlossene Hände«, »Wasser nach außen schlagen ...«

Bald habe ich Geburtstag und werde keinen Gutenmorgenkuss von Euch haben. Aber geschenkt wird nichts! Heb ihn mir gut auf – eines Tages komme ich und hole mir alle versäumten Küsse... Bis dahin bleibt es bei Papierküssen – und davon schickt Dir diesmal 365 Stück Dein Dich liebender Papa. Liebster Pila! Dein Ausflugsbrief war sehr lustig und lebendig, ich konnte richtig mitfahren beim Lesen – ich hoffe, dass sich Dein Rad reparieren lässt, damit Dir im Sommer solche Genüsse nicht entgehen. Franzi muss sich dahinter klemmen, und mit Geld und guten Worten wird man schon jemand finden, der den Schlauch – und wenn es sein muss mit 100 Flicken – wieder dicht kriegt. Und den Sattel recht hoch, damit Deine Beine sich strecken. Und jetzt genug mit den guten Ratschlägen.

In ein paar Tagen werde ich Geburtstag haben. Du weißt, dass ich keinen allzu großen Wert auf diesen Tag lege, aber dieser hat schon das Besondere, dass es der vierzigste ist; d. h. (und mein Freund legt besonderen Wert darauf), es ist das einundvierzigste Mal, dass man Geburtstag hat, wenn man vierzig Jahre alt wird. Es gibt ein Buch, das ich zwar nie gelesen habe (auch den Autor kenne ich nicht), aber in dessen Titel ich mich verliebt habe. Es heißt: »Das Leben beginnt mit 40«.[12] Warum und wieso, weiß ich nicht, aber ich will hoffen, dass es bei mir so ist, oder besser gesagt – wird! Manchmal erscheint mir mein Leben – ganze vierzig Jahre – unendlich lang; manchmal ist es mir – beim Einstellen des Scheinwerfers der Erinnerung auf einen beliebigen Punkt der Vergangenheit –, als ob dies gestern gewesen wäre. Ich war so alt, wie Du jetzt bist, da war meine erste große Reise mit den Eltern nach Oberitalien. Herrliche Worte »Mezzolombardo«, »Molveno« klingen mir im Ohr, ein zauberhafter dunkelblauer See zwischen Bergriesen wechselt mit dem Bild eines berauschend schönen Obstmarkts im Süden; sogar die Nase ist erfüllt vom süßen Geruch der gelben

Äpfel. Plötzlich ein Menschenauflauf, Schreien, Gestikulieren! Was ist los? Krieg zwischen uns und Serbien: Der Weltkrieg brach aus. Das war 1914. War's vor 28 Jahren oder erst gestern? Dann wieder ein Bild: blauer Himmel, viel Schnee: es ist Weihnachten 1918 am Semmering. Der Krieg ist aus, der Krieg ist verloren. Ich sehe die großen braunen Augen meiner Mutter und höre, wie sie sagt: »Es ist kein Friede – es kommt die Revolution«. »Krieg« war ein Wort, »Revolution« ein anderes; fast so mysteriös dunkel, wie die Worte »Mezzolombardo« oder »Molveno« hell und freudig waren. Und wieder etwas später: Abitur – und dann Wien. Das war im Jahr 1920. Zum ersten Mal eigene Wohnung – eigener Herr! Das Geld war beim Teufel. Man sagte: »Der Bub muss mit 50 000 Kronen im Tag auskommen. Es ist ja Inflation«. Ich war im Stadtpark, es war Herbst und ich war berauscht von den Farben und den vielen schönen Mädchen, die da liefen. Und der Ober hat gefragt: »Wünschen Sie ein Sorbet?« Ich sagte: »Ja«, ohne zu fragen, was ist das? So schön ist so ein Wort! Soll das 22 Jahre her sein? Oder wieder erst gestern? Zwei Jahre später lande ich in Deutschland; Stuttgart und Karlsruhe. Dann kommt Rom und wieder Karlsruhe – und dann bin ich Diplomingenieur! Schon wieder so ein Wort! Man gratuliert mir dazu! Und fragte dann: »Was beginnen Sie jetzt?« Und ich wusste, dass man jetzt was beginnen musste. Ich begann also damit, dass ich nach Paris fuhr und dann nach Holland. 1925 bin ich da gelandet. Als Kind erzählte man mir, dass die Holländer Zitronensuppe äßen. Das stimmte nicht! Auch dass es nach Teelichtern stinkt, war eine Fabel. Dagegen sah ich zum ersten Mai Menschen, die richtig arbeiteten, Anschauungen vertraten und sich, wenn es sein soll, auch dafür schinden ließen. Und im Hafen rasten kleine Schnellboote und die Mädchen hießen »Corri« und »Joopi«, und eine sagte mir mal zum Abschied: »Daag«. Das war die erste Musik, die ich in diesem Land hörte. »Daag« sagte mir auch das göttlich schöne Mädchen vier Jahre später an dem Morgen, an dem ich mit ihm zum Standesamt ging. Das war Mutti. Und als der Beamte sie fragte: wollen Sie die Frau dieses Mannes werden, so sagte sie statt » ja« – »graag«, was »gerne« bedeutet. Wieder ein Wort – so stark verbunden mit dem eiskalten Februartag 1929. Dasselbe Jahr sieht uns in Berlin, das nächste bringt schon Dich zu uns. Der Knabe, der Paul Maria heißt und mein Sohn ist. Gott, wie viel Gestern gibt es noch? Barras Geburt? Muttis furchtbarer Tod? Meine Abreise im Februar? Und schon ist der Film vorbei: Er hat ein paar Minuten gedauert. Es war ein Tonfilm mit Text: Mezzolombardo, Molveno, Krieg, Revolution, Inflation. Dann kam Sorbet und Dipl. Ing. dann Mea, Heirat, Pila, Barra, Tod – und jetzt geht es als Stummfilm weiter. Wenn man das alles bedenkt, so wird unsere Trennung auch kürzer (wie lange sie auch sein möge). Denn zurückblickend ist alles nur eine Sekunde, ein Bild, ein Klang, ein Wort! Also wir glauben daran: das Leben beginnt mit vierzig!! Und wir werden uns das Leben schon lebenswert machen, mein Alter!

Und jetzt sei innig umarmt und oft geküsst von Deinem Papa. Grüße mir Franzi und alle Freunde. Mein Freund Hans schickt Dir einen Sondergruß.

Meine Lieben! Allerliebste süße Babizzi! Was hast Du mir ne große Freude mit dem langen Brief gemacht! Und wie war er geschrieben! Ein kleines Kunstwerk! Kannst Du nicht mal Deinen Bruder rufen und ihm zeigen, wie man schreibt? (Er hätte es sehr nötig und könnte viel von Dir lernen! Du beklagst Dich über meine kurzen Briefe: aber erstens war mein letzter Brief schon recht lang, und zweitens sind alle meine Briefe (wenn ich sie in der Anrede auch zuteile) für Euch drei.

Ich werde weder zu meinem, noch zu Pilas Geburtstag bei Euch sein können. Ich bin weit weg und dahin, wo ich jetzt bin, führt kein Weg für kleine Kinder. Aber denke daran, wie es anderen Kindern geht: die meisten Väter sind im Krieg, sind oft schon Jahre weg, und können nicht mal so oft schreiben wie ich. Diese Trennung ist also ein Teil des Schicksals, das musst Du hinnehmen – genau wie Du einen Sturz auf den Kopf beim Salto in Kauf nehmen musst. Dumm ist der, der sich aufzählt, was ihm alles fehlt (auch wenns ein Papa ist). Klug ist der, der aufzählt was er alles hat! Und da bist Du reich! Hast Franzi und Pila und Freunde und Spiel und Schule und Arbeit mit Tanz – und nicht zuletzt hast Du meine große, innige, verliebte Liebe, die ewig ist. Du weißt ja, wie wir es immer machen: eins, zwei, drei – lachen! Und jetzt lacht meine Babizzi wieder. Sie weiß, dass, was sein muss, eben ist; weiß, dass man nicht die Rosinen aus dem Kuchen pickt, sondern alles isst, wie es kommt!

Also Kopf hoch – schon damit ich Dich von oben bis unten abküssen kann. Papa.

Liebster Pila! Dein Brief vom 4. 6. war zum Totlachen. Deine Vorstellungen über den greisen Vater! Du weißt ja genau, wie ich immer war und bin – und ich weiß, wie ich sein werde: immer jung genug, um mit Euch gleichaltrig zu scheinen, immer alt genug, um vom Feuer so oft schon verbrannt worden zu sein, dass ich weiß, wo Gefahr Eurer lauert. Und da bilde ich mir ein, nicht zu jenen »Wackelzeigefinglern« zu gehören, die Dir in Deinen Angsträumen erscheinen, sondern zu jenen Menschen, die zu den oben erwähnten Gefahren Euch ruhig führen können, da sie Euch das Rüstzeug zum Kampf zu geben versucht haben, und Euch nicht den Fluchtweg der Hasenherzen zeigten. Man muss Gefahren nicht suchen, das tun nur Abenteurer, aber unrichtig ist auch die Politik des Vogels Strauß, der den Kopf in den Sand vergräbt und so blind glaubt, dass es keine Gefahr gäbe. Aber wie denn soll man handelnd leben? Guck! Jetzt führt uns dieses Thema schon zu Deinem Zwiespalt mit Heini. Also wie? Antwort: Man muss vorwärts schreiten! Dazu gehört: 1.) ein Ort von dem man ausgeht, 2.) ein Ziel auf das man zugeht, 3.) eine Kraft zur Überwindung der etwaigen Schwierigkeiten auf diesem Weg.

Diese Kraft nennt man im Sprachgebrauch »Energie«. Das Wort spielt eine große Rolle in der Naturwissenschaft, wo wir z. B. vom »Gesetz der Erhaltung der Energie« sprechen, wobei Energie die Urkraft ist, das heißt die Ursache aller Bewegung. Diese vorerwähnte Dreiteilung von Ort, Ziel und Kraft findest Du in jeder

Handlung; sei es, um zu Brennschede zu gehen zum Zweck, Franzi Zigaretten zu holen, sei es, um das hohe Ziel der Berufswahl. Dabei ist z. B. der Ausgangspunkt (Ort) die Feststellung und Erkenntnis der eigenen Begabung (wenn es mehrere sind auch die Auslese der kräftigsten). Das Ziel ist der Beruf, der dieser Begabung oder »Berufung« entspricht – und Energie ist jenes Zähnezusammenbeißen, das nötig ist, um trotz Misserfolgen und Rückschlägen auszuharren, das Ziel nicht aus den Augen zu verlieren und nie zu verzagen. Energie gehört auch dazu, das Ziel, so sehr nicht aus den Augen zu lassen, dass man täglich nicht zu Bett geht, ohne sich zu fragen, was man heute geleistet hat zum Erreichen des Ziels! Genährt wird diese Kraft durch den Glauben, den man an sich selber hat, gefährdet wird sie durch den falschen Maßstab, den man oft sich selbst gegenüber anwendet. Wenn nun jemand das Wort »Energie« im Mund führt, der das Leben wirklich kennt und daher drauf gekommen ist, dass egal welchen Beruf man hat, sei es Künstler, sei es Schweißer bei Siemens, jeder Erfolg, jedes »Werk« aus 90% Arbeit und 10% Begabung besteht – so höre auf ihn. Natürlich nur auf den, der dies auch wirklich erlebt und durch sein Werk bewiesen hat. Heini hat diesen Beweis erst zu liefern genau wie Du. Franzi z. B. hat diesen Beweis klarer erbracht als 1000 andere – mit ihr musst Du Dich beraten!!

Ich will nicht sagen: entscheide Dich für einen Beruf! Wozu schon jetzt? Aber bedenke die Wege, prüfe Deine Kräfte, erforsche Deine Sehnsüchte. Horche

Dich ab!! Leicht und schön ist ein Weg zu jenem Ziel, zu dem uns sehnsüchtige Leidenschaft treibt. Dann ist es egal, ob man als Gärtner oder Arzt, Flieger oder Schauspieler sein Lebensziel erblickt hat.

Wenn Du jetzt sagst: »Ich bat Gott um einen nicht predigenden Papa und siehe: auch er kann es nicht lassen« – so gehört Dir der Hintern voll! Hätte mein Vater, statt in den unerreichbaren Wolken seiner Allmacht zu thronen, mit mir alles so besprochen, wie wir es immer tun – viel Leid und Elend wäre uns beiden erspart geblieben. Wir beide aber – Du und ich – wollen immer am gleichen Strick ziehen – und wenn dieser Strick auch manchmal ein wenig kneift – so wollen wir immer verstehen, weshalb das so sein muss!

Und jetzt sei zum letzten Mal oft geküsst in meinem neununddreißigsten Jahr. Der nächste Brief ist schon von einem »Vierziger«. Freund Hans grüsst Dich, und ich umarme Dich Papa.

Liebe Franzi! Welch ein Monat! Heute hat Uschi[13] Geburtstag, übermorgen Lutz[14], dann komme ich, dann Pila, Mali, etc. Sein Sie so gut, tun Sie in den nächsten Brief zwei blaue Kuverts (wie meine). Herzlichst PM

[13] **Berlin Plsee, den 22. 6. 1942**

Haus III

Mein geliebter Pilasohn!
Ich müsste es so machen wie die Holländer es tun und sagen: »Lieber Palipapa, ich gratuliere Dir zum zwölften Geburtstag Deines Sohnes Pila«. Denn sicher ist es: ich kann mir zu Dir gratulieren, denn ich habe mit Dir Glück gehabt! Dir will ich nur meine herzlichsten Segenswünsche senden und all meine Liebe, des mein sehnsüchtiges Herz fähig ist. Der Vater meines Freundes Hans schrieb ihm vor kurzem einen Brief, in dem er unter anderem Folgendes sagt: »Um die einfachsten Dinge des täglichen Lebens auszudrücken, kommt man mit rund 80 bis 100 Wörtern aus. Bei 500 Gebrauchswörtern lassen sich schon die über das tägliche Leben hinausgehenden Gedankenketten formen. Mit 2000 Wörtern im Tornister lässt sich's schon philosophieren – ab 3000 bist Du im Reich der gebildeten Literatur. Unsere Sprache aber hat, einschließlich der Lehn- und Fremdwörter, rund 450 000 Ausdrücke zur Verfügung. *Um aber das Gefühl wiederzugeben, das in einem Händedruck liegen kann, – dafür fehlen uns alle Wörter.*« Ja, um das tiefste Gefühl – und das ist die Liebe – auszudrücken, darin sind Tier und Wilder, Mensch und Übermensch gleich reich, gleich arm: ein Blick, eine Bewegung, ein Ton!! Nicht das gesprochene, nicht das geschriebene Wort hilft uns da!

Drum mache ich es auch wie Du: am 27. will ich den ganzen Tag noch mehr als sonst in Gedanken bei Dir sein, Dich förmlich einhüllen in meine Liebe! Du wirst es schon fühlen!! Aber ganz mit leeren Händen komme ich nicht; Du sollst acht Zeichnungen, »Selbstporträts«, die fast wie Selbsterkenntnisse wirken, von mir kriegen. Zur Geschichte dieser Zeichnungen muss ich Dir folgendes erzählen: Mein Freund hat vor fast zwei Jahren seine kleine zweieinhalbjährige Tochter, die Halbwaise ist, verlassen müssen, und das Kind lebt seither irgendwo in Frankreich. Er erzählte mir, dass er Angst hat, dass dies Kind ihn völlig vergessen könnte, umso mehr, als dass kein Bild von ihm in den Händen des Kindes sei, das dieses Vergessen verhindern könnte. Ich kam dabei auf den Gedanken, dass ich, der vor rund 22 Jahren kein schlechter Porträtzeichner war, durch fleißiges Üben vielleicht wieder im Stande sei, eine Zeichnung zu machen, die mehr ausdrückt als irgend ein kaltes dummes Foto, und man dann dieses Bild dem Kind schicken könnte. 22 Jahre Pause zu überbrücken, ungeschickt gewordene Hände wieder formempfindlich, Augen wieder zu abtastenden, suchenden Organen zu machen – das war also die Aufgabe. Ich habe den Kampf am 18. 4. begonnen und seither fast täglich gezeichnet. Im Anfang ungeschickte, dann immer leichter werdende – immer aufregend spannende Beschäftigung. Kurz nach den ersten Versuchen habe ich beschlossen, das Selbstporträt als zweite Aufgabe hinzuzunehmen – eine Aufgabe, die aus vielen Gründen noch viel schwieriger ist als die Erstere –, um für den Fall, dass ich Erfolg mit der Arbeit habe, Dir ein Geburtstagsgeschenk schicken zu können. Nun ist es soweit! Ich weiß selber nicht, welcher

MP.
26.7.42

Kopf gut, welcher schlecht ist? Du wirst sehen, in welchem Du Deinen Papa wiedererkennst, oder besser, wo er und Du ihn gleich gesehen habt. Du musst jedes Bild getrennt anschauen, solange bis es fast lebt! Dann weißt Du Bescheid. Und mir schreibst Du das Datum der Zeichnung, dann weiß ich, welches Blatt den Sieg davongetragen hat. Dazu schicke ich Dir einen Kopf des Freundes Hans. Er ist nicht immer so heilig: trotzdem vereinigt dieser Kopf die meisten Erscheinungsformen seines Wesens zu einem Gesicht. Zu meinem Geburtstag kamen Euer Brief und einer von Hans. Für Deinen Geburtstagsbrief kann ich mich nur bedanken und Dir sagen, dass er mir tiefe und wahre Freude brachte und die neue Bestätigung unseres Zusammengehörens – durch dick und dünn! Dein großer Brief aber, mit seinem leidenschaftlichen Bekenntnis zu den vielen Berufen – deren gemeinsamer Nenner die Liebe und Hilfsbereitschaft für den Nebenmenschen – also die menschliche Gesellschaft ist – hat mich erstaunt, gepackt und dann begeistert!! Du siehst ich »stöhne« nicht und »lache« nicht. Wie das jetzt schon des Öfteren war, habe ich in meinem letzten Brief schon einige meiner Standpunkte über »Beruf« etc. dargelegt, ohne noch Deinen Brief in Händen zu haben. Er könnte glatt als Antwort gelten! Im Wesentlichen will ich Dir dazu sagen: ich verstehe, dass man das Lachen kriegt beim Anhören der Riesenpläne – aber es gibt bei uns ein schönes altes Märchen, das da erzählt: der Vater sagt der heiratenden Tochter:

»Schaffe Dir große Töpfe an, denn der liebe Gott schickt nach der Hochzeit einen Engel herunter, der schaut nach; und den Menschen mit kleinen Töpfen gibt er wenig und den Menschen mit großen Töpfen gibt er viel«. Also auch hier: wer zuletzt lacht, lacht am besten! Die anderen haben es ja leicht: Die haben nur zu lachen und an Dir zu zweifeln. Du aber musst beweisen!! Und wenn es bei der Maschine nach Naturgesetzen so geht, dass nur ein Bruchteil der aufgewandten Wärme – (die Wasser zu Dampf und Dampf in Kraft verwandelt) – Bewegung wird, so schadet es auch nichts, wenn nicht alle Wunschträume des Tatendurstigen greifbare Wirklichkeit werden. Besser ist es schon, nach dem All zu greifen, um dann wenigstens einen Teil zu formen, als nach dem Teil sich sehnend nur einen Bruchteil zu vollenden!

Und hier ist der Punkt, wo die Lacher und Zweifler einhaken! Nicht nur weil die Zweifler oder auch die Pessimisten meistens Recht haben; sondern hier treffen sich die Lebensangst des Kleinbürgers mit der Sehnsucht des Spießers nach Spezialisten – jenem Menschen, der wenig, aber das dann sehr gut kann! Schuster, bleib bei Deinen Leisten, schreit die ganze Welt und meint: ich will bei meinen Leisten bleiben, denn sicher ist sicher!

Abgesehen davon, dass die Zukunft von allen Menschen das Hereinkosten in verschiedene Berufe fordern wird (Ansätze sind schon da), gab es immer Menschen: *E. T. A. Hoffmann* war Richter, schrieb Bücher und sein Lebensziel war die Musik. *Schliemann* träumte davon, die Stadt Troja, die in den Sagen lebte, zu finden; wurde Großkaufmann, um das Geld für diese Arbeit zu erwerben, und ging im Alter von fast 50 Jahren an dies verlachte Werk. Und er fand nicht nur Troja, sondern noch sieben Städte unter ihr; Franzi soll versuchen im Buchhandel oder bei Bekannten Dir das Buch zu besorgen: *Albert Schweitzer*: »Zwischen Wassern und Urwald«. Dieser Mann wird Arzt, bekämpft das gelbe Fieber in Afrika, kommt heim, wird Schriftsteller und Philosoph, um sich immer mehr der Musik zuzuwenden, und ist heute Organist im Dom zu Straßburg.[15]

Du siehst, ich will Dir auf Deinen Wegen folgen und werde Dich fördern, wo ich kann. Was Du zu leisten hast für jedes Ziel, das hat mein letzter Brief Dir schon gesagt. Ein Bedenken will ich Dir aber jetzt schon sagen: die schönsten Menschheitsberufe sind der Helfer in seelischer Not – der Erzieher, und der Helfer in körperlicher Not – der Arzt. Helfen aber kann nur der, der sich mit seinem ganzen Wesen, wie ein Besessener bis zur Selbstaufopferung einsetzt. Ein Fanatiker, ein Berufener! Kann man da aus einem Beruf heraus in einen anderen herüberwechseln? Ja, der Kaufmann kann zum Forscher werden, des Forschers Weg führt vielleicht zu Gott?! Das muss erlebt werden!

Dann: nicht in den Gesamtrahmen passt mir der Schauspieler! Erstens weil zum wirklichen Schauspieler vielleicht noch mehr begeisterte Leidenschaft gehört als zum Arzt und Erzieher (man wird nicht so zum Schauspieler wie Freund Olaf!) und zweitens weil in normalen Zeiten gerade dieser Beruf der schlechtest bezahlte, sprichwörtlich bekannte Hungerleiderweg ist, der nur in den seltensten Fällen und dann meistens erst recht spät zum Ruhm und damit verbunden zum materiellen Erfolg führt. Vielleicht müsstest Du also bei

Beibehaltung des Gesamtplanes von anderswo starten!! Wir werden uns über dieses Thema noch öfter sprechen. Heute muss ich sorgen, dass der Brief nicht ins Unendliche wächst!

Also mein geliebter alter Freund, nochmals alles Gute, sei heute recht fröhlich und iss viel und guten Kuchen mit Franzi, Barra und den Freunden.

Viele Küsse von Papa.

Liebe Franzi! Ihnen muss ich zu Pilas Geburtstag gratulieren und Ihnen auch danken für alles, was Sie an ihm Gutes tun. Hoffentlich habt Ihr einen lustigen unbeschwerten Tag, so wie Sie dies so richtig zu machen verstehen. Stellt mein bestes »Bild« auf, damit ich ganz bei Euch bin.

Herzlichst PM.

Meine süße geliebte olle Nudel! Vorerst will ich Dir für Deinen Geburtstagsbrief danken und für die Zeichnung. Beide waren recht schön und ich fand es besonders lieb von Dir, dass Du die Sonne mit Schnurrbart gezeichnet hast, so, dass sie aussieht wie ein dicker Papa. Und den Riesenschmetterling habe ich beneidet, weil er so schön fliegt über Wasser und bunten Tulpen. An seiner Stelle flöge ich jetzt zu Euch, um bei Pilas Geburtstag dabei zu sein. Wer weiß aber, wie es einem Schmetterling so ergeht? Ein hungriger Vogel schießt durch die Luft – und wupp, schon ist er gefressen. Kaum, dass man Mahlzeit sagen konnte! Da ziehe ich es doch lieber vor, solche Wünsche fahren zu lassen und bin überzeugt, dass Franzi und Du schon alles tun werdet, um Pilas Geburtstag schön und lustig zu machen. Du hast ihm sicher was Schönes gekauft, und Du musst mir im nächsten Brief alles über diesen Tag erzählen. Du musst verstehen, dass ich diesmal dem Pila viel länger schreibe als Dir, denn dieser Brief ist ja mein Geschenk. Dazu noch die Zeichnungen. Damit Du aber nicht zu kurz kommst und Deinen Papa nicht vergisst, kriegst Du auch einen kleinen Papa von mir. Und jetzt sei tausendmal geküsst von Deinem Papa

[14] **Bln. Plötzensee, den 28.6.1942**

Haus III

Liebster Palipila!
Gestern war also Dein Geburtstag – und ich war in Liebe bei Dir. Ich habe einen kleinen Kranz aus gelben Blumen geflochten und auf Dein Bild gehängt. Es schien Dir gefallen zu haben, denn Dein lachendes Bild grinste mehr als sonst zufrieden zu mir herüber. Muttis Bild, für das ich Euch danke, stand auch dabei. Das ist jetzt also auch vorbei – und morgen, den 29.6., haben wir beide Namenstag! Na denn Prosit!

Kommen wir nun zur »Sache«. In meinem letzten Brief sagte ich Dir schon: über dieses Thema werden wir uns noch oft sprechen. Dein Brief vom 18.6. stößt mitten hinein in ein brennendes Problem. Du sagst:

»Ich will die Stufen aufwärts gehen; wo der Weg aber waagerecht wird, dort will ich aufhören, denn dort beginnt das Eintönige, dort hört der Sinn auf.«
Ist dies denn eine »Wahrheit«?, frage ich Dich. Zeigt das Leben irgendwo solches Bild? Was sehen wir um uns genau wie in uns? Etwa Stillstand? Ein erreichtes »Oben« irgendwo!? Wie eine Riesenwelle geht das Leben seinen Weg. Aus der Vergangenheit über die Gegenwart schreitet es der Zukunft zu. Die Pflanze hat Knospe, Blüte, Frucht und Tod, um wieder zu knospen, und ist das Sinnbild des ewigen Rhythmus von »gewesen«, »sein« und »werden«. Solange die Triebkraft des Wachstums die Pflanze beseelt, kann Knospe zu Blüte sich formen, kann zur Frucht sich steigern – aber nie

als solche stehen bleiben wie Deine waagerechte Ebene. Sondern hier reißt die steigende Linie ab, und es folgt das Fallen, es naht der Tod. Ich weiß, wie in Deiner Vorstellung das Bild des »oben« angelangten entstand und Deine Absicht von dort zu fliehen. In einem Beispiel will ich's zeigen. Nehmen wir den Kinderarzt Dr. zur Linden. Er wird Kinderarzt, weil er Kinder liebt und weil er sie interessanter findet als Erwachsene. Er studiert also, wird Arzt, lässt sich nieder, kriegt eine große Praxis, dann viel Erfahrungen und zuletzt den Ruf, ein guter Kinderarzt zu sein. Du siehst nun mit Schrecken: wie sieht der Tag dieses Mannes heute aus? Zungen angucken, Fieber messen, Einlauf verordnen, Masern feststellen und hie und da als Abwechslung auch noch die Ehre sich gründlich zu irren! Da sagst Du Dir also: »Ja den Weg bis zu den Erkenntnissen und Erfahrungen des Arztes will ich mitmachen, aber fliehen will ich vor dem Stillstand dieses Alltags«. Hier aber sage ich erstmals »stopp«! Was hat dieser Mann denn erreicht? Einen guten Verdienst? den erreicht auch die Gänseausschlächterei. Hat er die Grenze seines ärztlichen Könnens erreicht? Vielleicht!! aber dann wehe ihm!! Wehe dem, dessen Ende in jenem Alltagstrott liegt, wo das, was Frucht durchwachter Nächte des Suchers war, zur Handhabung der täglichen Praxis wird!! »Herr Doktor!! Warum sterben täglich Kinder an Masern, an Scharlach, an Diphtherie mit und ohne ihre Hilfe?? Wie können Sie leben, wie können Sie schlafen, ohne den Kampf gegen die Feinde des Lebens als Forscher, als Sucher aufgenommen zu haben?? Glauben Sie mir, Herr Doktor, es gibt Ärzte, die keine Nacht schlafen, die ihr müdes Auge noch ans Mikroskop heften, während schon ein tötendes Fieber ihren Leib durchschauert!! Was sind Sie im Vergleich zu jenen Helden, jenen Berufenen? Ein armer Teufel auf dem absteigenden Ast! Ein Handwerker diesseits der Größe.« – Den »Stillstand auf der Waagerechten« gibt es also nicht, es gibt nur den Fall abwärts, den Fall des Vogels mit geknickten Schwingen. Ein »Oben« aber gibt es noch weniger, oder meinst Du, es gilt der Ausruf: »Es ist vollbracht!«? Gibt es den Dichter mit dem »vollendeten« Gedicht? Den Maler mit der gottähnlichen Farbharmonie, von wo es kein »weiter« gibt? Wo ist der Architekt, der das Raumproblem »gelöst«, der Arzt der die Krankheit »besiegt« hat? Wo der Erzieher, der für die »vollendete« Generation bürgt? Solange es also unbeantwortete Fragen auf jedem Weg gibt, solange gibt es kein Endziel, das der Sterbliche erreicht! Wenn einer aber sagt: »Herr ich kann nicht weiter, hier ist die Grenze meines Ichs, die Schranke meiner Fähigkeiten« – so ist die *Schwungkraft* in diesem Menschen *gebrochen!!* Dann kann er nicht mehr umsatteln auf einen anderen Beruf, um den Kampf neu zu beginnen, denn er hat *dort* versagt, wo der Scheideweg zwischen Beruf und Berufung die Gemüter trennt! Anders ist es, wenn ich mitten im Kampf um ein hohes Ziel erkenne, dass mein Pferd (mein gewählter Beruf) nicht schnell und stark genug ist, um mich zum Sieg zu führen, ich auf ein anderes schnelleres springe, das eher für die Verwirklichung meiner Ziele bürgt. So kann ein Naturforscher zum reinen Denker, zum Philosophen werden, auf dem Weg vom Einmaligen zum Allgemeinen. So kann der Architekt zum Maler werden, weil das Baumaterial nicht geschmeidig genug war das auszudrücken, wes sein überströmendes Herz erfüllt war! Verstehst Du nun, wo Dein Irrtum liegt? Aufs kleine 1 x 1 folgt das Große und von hier bis zur Differential- und Integralrechung baut sich das Riesenreich der Mathematik; von hier ab wird sie erst zur Wissenschaft. Und wo ist das Ende? Vielleicht ist aller Anfang wie alles Ende nur bei Gott? Wenn Du mir also z. B. sagst: »mein Lebensziel ist es, viel Geld zu verdienen und ich nehme mir vor, für den Fall, dass es mit Pferdehandel nicht geht, es mit Pelztierzucht zu versuchen ohne die Möglichkeit, als Wünschelrutengänger zu gehen, außer acht zu lassen« – so sage ich: »bitte schön!« Wenn Du mir sagst: »Mein Lebensziel ist es, mit all meiner Kraft und Liebe zu helfen, so gut ich kann; und will es sogar auf mich nehmen, 2 mal meinen Beruf zu wechseln, wenn ich sehe, dass ich dieses Ziel auf anderem Weg vollendeter erreiche!« so sage ich: »bitte schön!« Nicht aber sage ich »bitte schön«, wenn man den Wechsel aus Prinzip oder aus Missverständnis der wahren Zielsetzung vornimmt! Das Ziel ist alles, der Weg nichts!!

Damit schließt heute dieser Brief, den Du öfter wirst lesen müssen, bis Du genau siehst, was ich Dir zeigen wollte. Auf andere Punkte Deines Briefes komme ich noch.

Viele Küsse von Palipapa.

Geliebte gute Barra! Wenn Du meinen Brief erhältst, hast Du schon Ferien, hast schon Dein Zeugnis und bist schon beinahe Schülerin der zweiten Klasse. Das Jahr ist um! Ein tolles Jahr für Dich! Vor 9 Monaten ging so ein Tütenmädchen in Franzis Begleitung den Berg hinauf zur Schule, bewaffnet mit Tafel, Griffel und Schwamm, wurde dort im Zauberkessel von Herrn Faust gesotten, geschmort und gebraten, um dann nach dieser Zeit allein den Berg herunterzukommen als gebildete Dame, die mit Tinte dem Papa Briefe schreibt, liest und rechnet! Ich weiß, dass der Zauberstab des Herrn Faust versagt hätte, wenn Du Dich nicht angestrengt hättest, um alles zu lernen, was er Euch zeigte – und so ist der Sieg Euer gemeinsamer Sieg, und die Ferien verdient er so gut wie Du! Ich müsste ihm für seine Arbeit danken (vielleicht tut das Franzi auch für mich), auf Dich aber will ich stolz sein, wie dies nur verliebte Papas können. Über Dein Zeugnis höre ich wohl im nächsten Brief! Salto vom Stuhl machst Du jetzt? Sitzt der Arabersalto schon ganz? Oder ist das nicht nötig dazu? Bei uns ist es so kalt, dass ich seit Tagen zwei Pullover anhabe und mich nachts mit dem Wintermantel zudecken muss. Hoffentlich bleibt Ihr bei diesem Narrenwetter gesund. Sei geküsst und umarmt von Deinem Papa. Liebe Franzi! Bitte um einige ungefütterte Kuverts mit 8 Pf. Briefmarken drauf. Schwarze *Kreide* brauche ich nicht mehr denn das Mitgebrachte war bereits Kreide. Also nur *weiße* und den Block + 1 Wischer!!

Herzlichst PM.

[15] **Bln. Plötzensee, den 18.7.42**

Meine Lieben! Eine Reihe nicht sehr glücklicher Ereignisse brachte es mit sich: 1.) dass ich seit Eurem Brief vom 1. Juli keine Nachricht von Euch habe, 2.) dass meine beiden Briefe vom 6. und 12.7. an mich zurückkamen. Hoffentlich bedeutet dies nicht eine Unterbindung unseres Briefwechsels. Macht es auf alle Fälle so, dass Ihr mir wöchentlich kurze (normale vierseitenlange) Briefe schreibt. Ich will kurz auf den Inhalt meiner zwei Briefe eingehen. Im Brief vom 6., Pila, schimpfte ich ein wenig über Deine hässliche Schrift, die vielen Schreibfehler und die verworrene Satzbildung. Ich empfahl Dir, bevor Du schreibst ein Konzept (ins »Unreine«) zu machen und dieses so durchzuarbeiten, zu verdichten und zu polieren, dass der halbfertige Gedankenerguss, der vorher 24 Seiten erfüllte, ohne an Deutlichkeit zu gewinnen, in zwei bis drei Seiten wie geschliffenes Kristall klar und leuchtend vor einem liegt. Ich wies darauf hin, dass man halbfertig sprechen kann, denn wenn ich Dich sehe, so ergänzt Dein Gesicht, Dein Auge, Deine Bewegung, also das »Gefühlsmäßige« Deine Gedanken. Dinge, die alle im Brief fehlen! Daher ist das Geschriebene nie die Wiedergabe des gesprochenen Wortes, sondern ein Werk für sich!! Im Brief vom 12. schrieb ich Dir als Beispiel Sätze hin, wie Du sie schreibst, und wie sie geformt sein könnten. Weiterhin versuchte ich auf 25 Zeilen den Inhalt von zehn Deiner Seiten zu fassen. Dann ging ich auf einzelne Punkte Deines mir so lieben und tapferen

1. Adél Meller, geborene Markovits mit ihren Kindern Pali und Edith (um 1904)

2. Pali als junger Mann (um 1922)

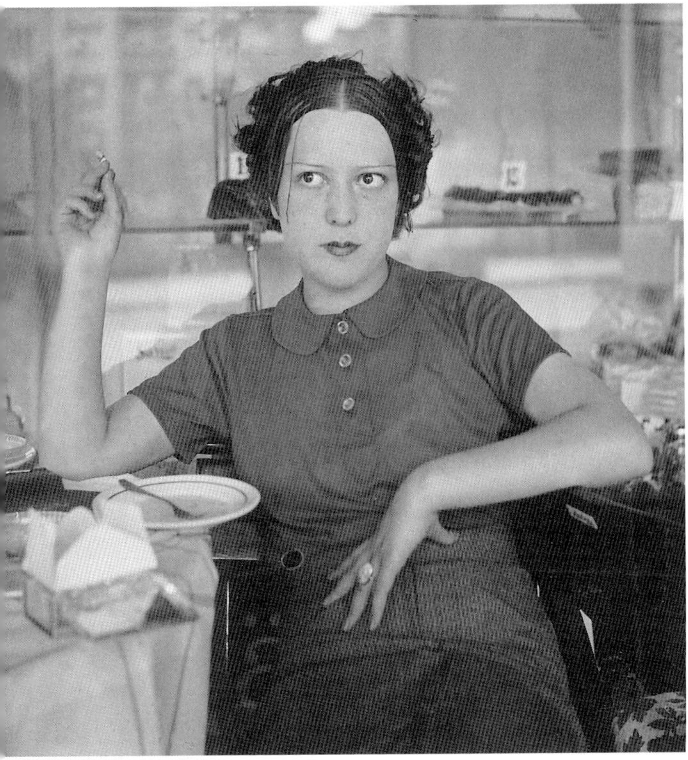

3. Petronella Meller, geborene Colpa (um 1930)

4. Pali auf einem in Stuttgart zugelassenen Motorrad (um 1927)

5. Otto Bartning mit Pali Meller und einem weiteren Kollegen vor dem Modell der Gustav-Adolf-Kirche (um 1932/33)

6. Die Wohnung in der Knobelsdorffstraße 110 im Berliner Westend

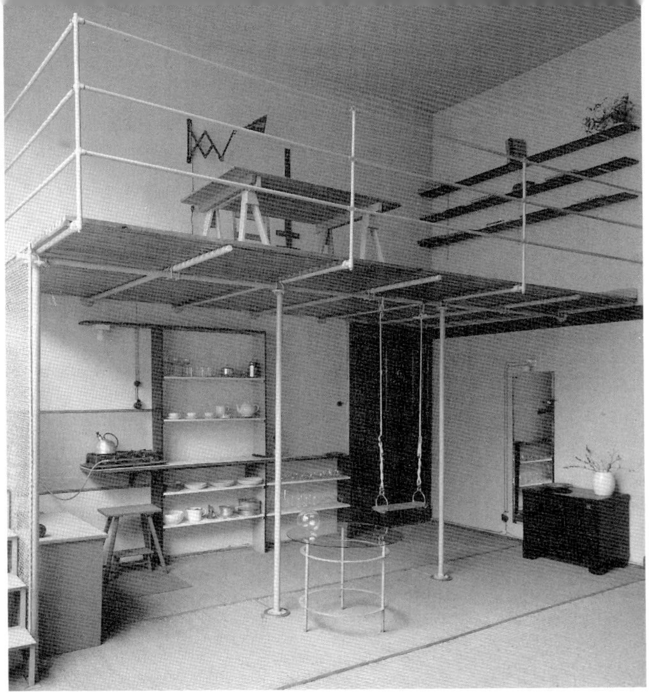

7. Entwurf und Ausführung der Inneneinrichtung: Pali Meller

8. Die Meller-Kinder am Fuß des Denkmals »Heim« in der Knobelsdorffstraße (um 1936)

9. Pila und Barra (um 1938)

10. Weihnachten in der Knobelsdorffstraße (1940 oder 1941)

11. und 12. Pali mit seinen Kindern (um 1939/40)

.3. Franziska Schmitt

14. Paul, am Fuß des Denkmals »Heim« sitzend (um 1938/39)

5. Barbara bei der Akrobatik (um 1940/41)

16. Franziska Schmitt mit ihren Schützlingen (um 1942)

7. Paul und Barbara (um 1943)

18. Die Geschwister Meller (um 1950)

Briefes ein. a) Die Willenskraft lässt sich wie ein Muskel üben, im täglichen Erproben, im stündlichen Einsatz. Sie ist eine gefährliche Kraft, denn sie kann Flammen entfachen, die zum Himmel heben oder zur Hölle treiben. b) Es stimmt nicht, dass Begabung und zäher Wille zum Erfolg beim Theater und Film führen muss. Von rund 35 000 Menschen, die in Hollywood sich täglich anbieten, ergattert kaum jeder einen Dollar pro Tag als Durchschnittsverdienst. Und doch sind alle, verblendet durch die Erfolge der Plakatgrößen, voller Hoffnung auf ihr großes Los. Und beurteilt wird ihr Wert und Können von eiskalten Rechnern, die sich nur fragen: »Was verdien' ich durch diesen Kerl?« Von tausend Menschen, die Metallarbeiter werden wollen, nimmt die Industrie gerne 900 auf und 80 von 100 Flugzeugkonstruktören erreichen ihr Lebensziel. Wenn sie auch keine Riesengagen, sondern Lohntüten und Gehalt heimbringen, so werden sie doch wissen, dass sie zur Fortbewegung dieser Welt mehr beigetragen haben als jene viel bewunderten Eintagsfliegen. c.) Wenn ich von Opfern spreche, so meine ich nicht den Tod, denn dieser hat keine Beweiskraft. Der Heiland hat durch sein Leben und nicht durch seinen Tod die Menschheit erlöst. Für eine Idee leben ist oft schwerer, als für sie zu sterben! Opfer ist der Einsatz ohne Eigennutz, die Liebe ohne Vorteil, der Verzicht auf bequemes Behagen. Solche Opfer kann man 1000 x bringen, sterben kann man nur einmal!

d.) Bei den Lebenszielen verheddern sich Deine Gedanken: denn beim Schauspieler sprichst Du von Erfolg und Sieg als Endziel. Also selbstgefällige Eitelkeit, wobei Du eigentlich das Geld meinst, das Dich zum nächsten Ziel führen soll. Beim Erzieher aber siehst Du das Ziel in der Gegenliebe des Betreuten! Also wieder Selbstsucht! Der Erzieher setzt sich und sein Wissen und Können als Führer der Jugend ein, zum Erschließen einer Welt der Wahrheit, Schönheit oder [des] Glücks unbeachtet dessen, ob er dafür geliebt, gehasst, gekrönt oder gesteinigt wird! Und das meinst eigentlich auch Du! Denn Dein Ziel ist: Hilfe für andere durch die Tat!! e.) Du fällst im Sturz auf Dich selbst, ohne mich – zu erdrücken – sagst Du. Ich aber will, dass Du weißt, dass meine Hand (auch wenn sie wie jetzt nur die Feder führen kann) immer helfend da sein will, wenn Du über schwere Pfade schreitest, da ich Dein Freund bin und nicht Dein »besser wissender Papa«! Dass meine Zeichnungen Dir gefielen, hat mich sehr gefreut. Ich bin weiter fleißig, vielleicht schicke ich Dir noch andere Bilder. Ich empfehle Dir, das Inselbuch »Der Kornett« von Rainer Maria Rilke zu kaufen und oft und laut zu lesen und mir dann darüber zu schreiben![16] Schluss für heute! Sei innig geküsst und umarmt von Deinem Papa.

Geliebte Barra!! Wie ein Kunstfreund ein Bild 100 x ansehen kann, so schaue ich Deine Briefe an. Du hast den Blick fürs Wesentliche, und was Du an Gefühlen zeigst, wirkt wahr durch seine Klarheit. Ich will wissen, was Ihr tut, denkt, hofft und wollt, und das zeigen Deine Briefe meisterhaft gerade in ihrer Kürze. Daher danke ich Dir dafür. Im nächsten Brief höre ich wohl über Eure Zeugnisse. Ich bin sehr gespannt. Millionen Pussis von Papa.

[16] **Bln. Pötzensee,den 24.7.15**

Geliebter Pila!
Endlich kam Euer Brief vom 16.7. Es scheint also (etwa der vom 9.7.) einer verloren gegangen zu sein, und so weiß ich auch nichts über Eure Zeugnisse! Dein Brief ist sehr interessant und deckt sich mit meiner Ansicht über die so genannten »Jugendbücher«. Ein schlechter Leisten, ein Schema, eine Serienproduktion. Ich las jetzt was Köstliches!! Stickelberger: »Dschingis Chan«.[17] Das ist die Geschichte des Mongolenfürsten, der im 13. Jahrhundert mit seinen Reiterscharen vom stillen Ocean über ganz China ein Reich bis nach Liegnitz sich erstreckend eroberte und sich dann unbesiegt nach Asien zurückzog. Anschließend las ich: Nora Walm, »Sommer in der Mongolei«.[18] Eine Reisebeschreibung einer Frau, die die Nachfolger des Dschingis Chan jetzt aufsuchte. Die Weltmacht ist verschwunden, aber die Lebensart und die Ideale des Volkes haben sich in sieben Jahrhunderten nicht geändert. Das finde ich schönes Lesen!! Versuche Du auch ähnliches! Ihr lernt jetzt römische Geschichte. Wie lebten die Römer? Besorge Dir: Bulwer »Die letzten Tage von Pompeji«.[19] Du hast jetzt über Leonardo gelesen! Schau Dir in der Kunstgeschichte Bilder von ihm an, lese woanders noch über sein Leben, schau Dir auf der Landkarte an, wo er lebte und wirkte. So rundet sich dann das Bild und wird reich. Lies Gedichte! Es gibt herrliche Sammlungen deutscher Gedichte (z.B. Avenarius, »Handbuch deutscher Lyrik«[20]), lies darin, höre auf die

Musik der großen Dichter. Dabei komme ich auf Dein Gedicht »Das Gewitter«. Endlich!!! kann ich da sagen! Wort und Form, Tempo und Rhythmus sind aus einem Guss und das Gedicht ist bilderreich und schön!! Bravo Pila! Franzi soll in den Zeitungen forschen, und wenn es »Klassikeraufführungen« gibt, soll sie mit Dir hingehen! Da siehst Du dann die Leistungen der Spieler und hörst das Wort der Dichter. Kannst dann auch vor- oder nachher die Werke lesen! Nächste Woche bekommst Du noch einen Brief von mir – dann werden die Abstände viel größer. Ein so schöner Gedankenaustausch wird jetzt gehemmt. Eine schwere Probe für uns beide!! Große Worte flogen bis jetzt hin und her: Willenskraft, Kampf, Sieg und Beweis!! Was aber gestern noch wortreiche Zukunft war, verwandelte sich heute in fordernde Mahnung, und morgen schon kann man das Schlachtfeld überblicken, auf dem man als wirklicher Sieger sich bewies oder als schwacher Prahler am Boden blieb. Jetzt ist es so weit!!! Dein Leben muss sich umstellen! Nicht als Einbeiniger sollst Du dastehen (ein Junge, dem der Papa fehlt), sondern als stark im Leben Stehender, der auf sich und mit sich rechnen kann! Die Schläge, die Dich treffen, dürfen Dich nicht erdrücken, denn auch der Stahl wird härter durch die Kraft der Schmiedeschläge. Warte *nicht* auf mich! Denn Warten ist wie eine schleichende Krankheit und überfällt die Menschen wie Schwermut! Du hast Pflichten! Du bist Barras Bruder und musst ihre Stütze sein, wo ihr Geist noch keine Wege sieht! Du bist im Haus heute der einzige Mann! Erweis Dich als solcher! Hilf der Franzi als erster Offizier Euer Schiff zu steuern! Sei der Träger meines Geistes, handle wie Du glaubst, dass ich es getan hätte; nimm das Leben, das jetzt Euer harrt, als unabänderliche Tatsache, und wenn Du Nachricht von mir kriegst, so sei es Dir wie frisches Wasser auf das *laufende* Mühlrad! Bewegungsverstärkend aber nicht in Bewegung setzend! Dies also ist meine Hoffnung, mein Wunschbild, mein Traum: ein starker Junge, der das Leben kennt und es nimmt, wie es kommt und nie über den Haufen geworfen wird; der wächst an seinen selbst gewollten Zielen bauend, und den ich einst wieder sehen werde!! Wenn ich weiß, dass dieses Bild Wirklichkeit ist, so kann ich Dir sagen: auch Du wirst dann einen starken ungebeugten Freund wieder finden, der gemeinsam noch Vieles mit Dir im Leben vorhat. Und der Glaube muss uns führen: alles was geschieht, hat Zweck und Sinn, auch wenn wir die Fäden nicht sehn, mit denen wir als Marionetten in des Schicksals Hand gegeben sind. Leb wohl, alter Knabe, und denke an unseren neuen Wahlspruch: Kopf hoch!! Küsse von Papa.

Liebe Franzi! Anbei meine Wünsche: 1.) Ich werde versuchen, die Erlaubnis zu erwirken, mit Ihnen nach der Verhandlung sprechen zu dürfen. Bemühen auch Sie sich um diese Genehmigung. 2.) Ich will, dass Sie zur Erziehungsberechtigten der Kinder eingesetzt werden. Für den Fall, dass Sie Hilfe und Rat brauchen, versichern Sie sich die Unterstützung von Dr. Haensel.[21] 3.) Im Prinzip möchte ich, dass Ihr unverändert in Berlin bleibt. Nur im Gefahrfall müsst Ihr zu den Großeltern in Holland. Bedingung: alles mit Ihnen, nichts ohne Sie. 4.) Versuchen Sie, das ewig wartende Provisorium der Kinder in einen Dauerzustand, der nicht mit mir rechnet, zu verwandeln. Es ist die größte Kunst. Ich will es schriftlich nach Möglichkeit unterstützen. 5.) Nach dem 3. 8. werde ich wahrscheinlich nur alle vier Wochen schreiben und Briefe empfangen dürfen. 6.) Lassen Sie alle meine Anzüge chemisch reinigen, dann zu Krischel z. T. zum Kunststopfen geben. Nachher alles in den Mottensack! 7.) Pila soll seinen Fotoapparat wiederhaben. Der rote Schawl und das Armband gehören Ihnen. Die Armbanduhr, die bei Maria ist, gehört nach der Reparatur der Barra! 8.) Hoffentlich geht alles in Ordnung mit dem Geld aus Ungarn. Sollte es sich verzögern, so nehmen Sie OBs[22] Hilfe leihweise in Anspruch. Denken Sie daran, Pila ein Taschengeld zu geben! 9.) Denken Sie an Barras Zähne! Fragen Sie vielleicht nach Besprechung der Methoden bei meinem Vater nach! Lassen Sie auch Pilas Zähne geregelt nachsehen. lo.) Wollt Ihr zu Lutz? Wenn es Sinn hat, so tut es! Kriegt sie aber nicht August gerade ein Kind? Ich wäre sehr dafür, dass Ihr auf alle Fälle Euer Recht auf drei Wochen Urlaub ausnutzt. Fahrt z. B. mit der Stadtbahn (Räder mitnehmen!!) nach Potsdam oder Wildpark und von dort per Rad nach Ferch. Seht, ob Ihr dort für drei Wochen unterkommt. ll.) Ich weiß, dass Sie alles gut und richtig machen auch ohne meine Tips. Haben Sie nur selber Mut zur Aufgabe und versuchen Sie das fast Unmögliche: zwei Kindern, die jetzt wie Vollwaisen zu leben gezwungen sind, Mutter, Heim und Halt zu sein! Beste Grüße PM.

Geliebte Barra! Für Dich bleiben heute nur vier Zeilen, aber ich stecke meine ganze Liebe in jedes Wort!

Außerdem gehört Dir der Hauptteil des nächsten Briefes. Dein Brief war wieder wie eine ganze Zeitung mit allem, was neu und interessant ist. Man riecht beinahe Deinen Stolz über die Erfolge bei Kuhn. Wenn das Wetter schöner wird, sprich mit Franzi, ob Du ein paar Schwimmstunden nimmst! 100 000 000 Küsse von Papa.

[17] **Bln. Plsee, den 29. 7. 1942**

Meine Lieben! Heute kam Euer Brief vom 23. an, in dem Du Pila, die Kürze nutzend, kein Wort über Dein Zeugnis verlierst. Wie ist es damit?

Bis jetzt habt Ihr, durch das grässliche Wetter, nichts verloren (stellt Euch vor, jetzt an der See zu sein!) und so ein bißchen Bummel zwischen Jena, Berlin und Mücke entspricht Euch auch mehr, als das sesshafte Sommerfrischlerdasein. Vielleicht kommst Du auch aus Schillers Jena nach Goethes Weimar hinüber, denn es ist schön, in Gedanken versunken auf Pfaden zu wandern, wo große Menschen gingen, lebten, dachten, hofften und sich selber fanden.

Dein Brief war lieb und tapfer. Das Bild, das Du entwirfst: ein Leben, das sich lebendig erhält durch das sich Klammern an die Schönheit der Dinge, die in weiter Zukunft liegen, und dies so stark tut, dass der mühevolle lange Weg bis dahin nur wie der Aufstieg des Wanderers erscheint, der durch Klüfte, Firne, Risse, Spalten, Schnee und Sturm sich bahnend den Gipfel erreicht, wo die Sonne scheint und wo der Ausblick in die unendliche Ferne, in die göttlich schöne Welt jeden Kummer, jeden Schmerz, jede Entsagung vergessen lässt. Du hast es einfacher gesagt und gehofft, dass wir einig sind in diesen Zielen. Es sieht aber fast so aus, als ob wir uns gegenseitig Mut machten durch das Heraufbeschwören dieser Bilder. Von mir aus will ich's gar nicht leugnen!! Unser Leben ist selbst nur ein Gleichnis; wir leben in Bildern, Deutungen, Auslegungen und oft nur als Echo hohl tönender Worte. Ob die Deutungsbilder aus uns selbst geboren werden oder von Außen (sei's durch Kirchenkanzel oder Zeitungsaufruf) in uns gepflanzt werden, ist nur von Bedeutung als Beantwortung der ewigen Frage: Schiebe ich oder werde ich geschoben? Welch Reichtum und welch Glück liegt aber in der Fähigkeit des Bilderformens und der Lebensdeutung!! Die Giftschlange beißt den schlafenden Zarathustra. Er könnte jetzt rufen: »Weh mir! Hilfe! Eine Schlange hat mich gebissen!!« Er aber sagte: »Danke Dir meine Gute, dass Du mich geweckt hast!«[23] Du siehst: der Schlangenbiss ist die so genannte Wirklichkeit. Was ich aber aus ihr mache, das Deutungsbild der Tat, wird erst für mich zur Wahrheit! Der Gottgläubige sagt in seiner Demut: »Gott gab es, Gott nahm es, unerforschlich sind seine Wege«. Diese Demut ist aber mit dem Tod vermählt! Der Gottgläubige mit ungebrochenem Lebenswillen, gepaart mit dem Glauben an den höheren Sinn des Leids, der sagt: »Ich danke Dir auch für das scheinbar Böse, das ich zu erleiden habe! Ich weiß, dass dieser Weg mich vor noch böserem Geschick bewahrt hat und zu helleren Gefilden führen wird!« Ist dies nun Selbstbetrug? Nein! Niemals!

Das ist die Macht des schöpferischen Geistes, das sind die Flügel, mit denen wir uns vom Tiersein emporheben in die klare Luft der Ideenwelt. Und darin wollen wir beide, immer neue Bilder heranziehend, uns stärken: unser Leben hat Sinn, Ziel und Zweck, das Schwere muss getragen werden, auch wenn uns im Augenblick alles unentwirrbar und grausam erscheint.

Wir wissen und glauben, dass wir am Ende (wo jedes warum und wieso sich neigt vor der Allmacht der Fügung) wieder zusammengeführt werden, um glücklich zu sein, wie es sich für Wesen, die »nicht so zart wie Lilien« sind, geziemt!! Dann werden wir vielleicht auch wissen, wozu alles Böse gut war! Also, old boy! sagen wir noch schnell 1, 2, 3 – und jetzt lachen! Und dann alles Gute und 1000 Küsse bis zum nächsten Brief! P. S. Anbei noch meine letzten Zeichnungen. Es sind Versuche in verschiedenen Techniken. Jene, die Ihr gut findet, lasst beim Lichtpauser pausen und schickt sie an meinen Vater und meine Schwester. Nochmals herzlichst Papa.

Geliebte, süße Barra!! Das war mir aber eine Freude! Dieses Zeugnis ist ja großartig! Und wenn Du, deren Schrift mich immer neu begeistert, gerade aufs »Schreiben« eine 2 bekamst, wie musst Du dann rechnen können, um es auf eine 1 zu bringen? Nun lass Dich aber durch mein Lob nicht allzu sehr leiten, sondern sage Dir: »Genau wie eine Barra nie müde ist, so ist Barra eben auch Klassenerste. Was ist da viel dabei?« Sowas sieht Dir auch vielmehr ähnlich, und so muss es Dir im Leben mit allem gehen: Sei's Schule, sei's Acro oder Tanz: Dein Wille, Dein Ehrgeiz, Dein Glauben an Dich selbst werden es schon schaffen! Mein süßes kleines Mädchen! Wie spreche ich zu Dir? Wie zu einem Soldaten, der dem Feind entgegen geht. Aber es ist komisch: wenn ich an Dich denke, so sehe ich immer außer Deinem süßen Kopf mit den Riesenaugen auch noch den Menschen, der in Dir liegt und der Du einmal werden wirst, und ein unendliches Vertrauen zu diesem Menschen packt mich. Und wenn Pila Dich, als Du kaum ein Jahr alt warst, schon »unsere Mutti« nannte, so auch nur deshalb, weil er die Kraft des Führers (wie Deine Mutter) schon in Dir sah! Jetzt genug davon. Ich wünsche Dir als »Reisetante« schöne Tage in Jena und bei Lutz und bestelle auch überall meine herzlichsten Grüße. 1000000 Küsse

Liebe Franzi. Sie erhalten (nachdem Sie auf die Aufforderung des Amtsgerichts die Gebühren bezahlt haben) eine Generalvollmacht von mir.

Grüße PM.

Name des Briefschreibers:

Paul Meller

Berlin-Plötzensee, den 9. August 1942

Kö[illegible]damm 7

Haus [illegible]

Gelesen: 10/8.42 [illegible]

17

Meine Lieben! Es ist wieder lange her, dass ich von Euch hörte. Hoffentlich kommt bald Nachricht. Ich habe einen verrückten Entwurf gemacht und bis ins kleinste Detail gezeichnet, einschliesslich aller Möbel: „Das Wohnhaus PILABARRA IN ÖDENBURG" und bin gerade dabei ein wenn auch primitives doch anschauliches Modell zu bauen! Das herrliche am Plan ist (abgesehen von der Unausführbarkeit), dass er 2 meiner Träume vom Wohnen verbindet: 1.) alle Räume im Erdgeschoss am Garten zu haben 2.) in einem Turm zu wohnen. Nun ist dies so:

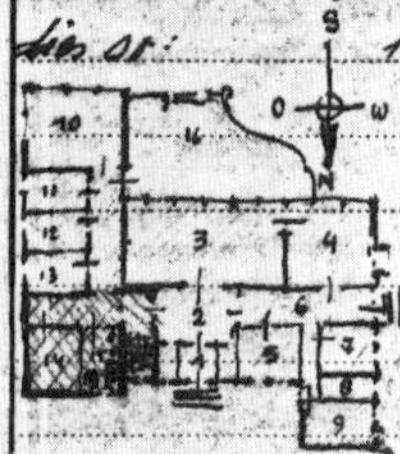

1 = Wohnungseingang, 2 = Diele, 3 = Wohnraum, 4 = Essraum, 5 = Küche
6 = Anrichte, 7 u. 9 = Dienstmädchen, 8 = Bad, 10 = Kinder Spiel u. Wohnraum, 11, 12, 13, 14 = Schlafräume, 15 = Bad
16 = Terrasse.

Der schraffierte Teil geht nun bis zu 18 M. als Turm hinauf. Er enthält meinen Schlafraum, darüber Wohnraum, darüber in 2 Geschossen ein Atelier. Ganz oben ist ein Aussichtsturm von wo man Sopron sieht. Das Atelier guckt auch gerade nach Norden und guckt auf den Stadtturm und alle Kirchtürme. Alles ist so herrlich

Nur die Linien benutzen! Ränder nicht beschreiben!

[18] **Berlin-Plötzensee, den 9. August 1942**
Königsdamm 7 – Haus III

Meine Lieben! Es ist wieder lange her, dass ich von Euch hörte! Hoffentlich kommt bald Nachricht. Ich habe einen verrückten Entwurf gemacht und bis ins kleinste Detail gezeichnet, einschließlich aller Möbel: »Das Wohnhaus PILABARRA IN ÖDENBURG« und bin gerade dabei, ein wenn auch primitives, doch anschauliches Modell zu bauen! Das herrliche am Plan ist (abgesehen von der Unausführbarkeit), dass er 2 meiner Träume vom Wohnen verbindet: 1.) alle Räume im Erdgeschoss am Garten zu haben 2.) in einem Turm zu wohnen. Nun ist dies so:

1 = Windfang, 2 = Diele, 3 = Wohnraum, 4 = Essraum,
5 = Küche, 6 = Anrichte, 7 u. 9 = Dienstmädchen,
8 = Bad, 10 = Kinder Spiel- u. Wohnraum,
11, 12, 13, 14 = Schlafräume, 15 = Bad, 16 = Terrasse

Der schraffierte Teil geht nun bis zu 18 m als Turm hinauf. Er enthält meinen Schlafraum, darüber Wohnraum, darüber in 2 Geschossen ein Atelier. Ganz oben ist ein Aussichtsturm, von wo man Sopron[24] sieht. Das Atelier guckt auch gerade nach Norden und guckt auf den Stadtturm und alle Kirchtürme. Alles ist so närrisch groß, z.B. der Wohnraum 6 x 12 Meter, dass man vor Sehnsucht, so was bauen zu können, direkt Bauchweh kriegen könnte. Ihr seht auf alle Fälle, dass ich mit meinen Gedanken und Fantasiespielen bei Euch bin, auch wenn ich in Wirklichkeit jetzt einsamer bin: denn Hans ist weg, und das war ein bitterer Abschied nach fast sechs Monaten. Aber ich bin in Gefühlssachen abgehärtet und werde schön langsam Weltmeister in Zähnezusammenbeißen und Kopfhochhalten. Hoffentlich steht Ihr mir darin nicht nach und nehmt Euren Spaß, wo Ihr ihn findet, z. B. in Mückenberg, wo man sich den Bauch so schön vollschlagen kann. Wisst Ihr noch, wie wir ein uns unbekanntes Riesentier vorgesetzt bekamen? Es war ein Zicklein und die Kost unserer Mücketage. Franzi, der Engel, versteht was vom Leben, hat das Lachen nie verlernt. Die wird Euch schon zeigen, wie viel Freuden das Leben birgt, wenn man nur richtig hinschaut, genau wie eine Kartoffel herrliche Delikatesse ist, wenn man genug Hunger im Leib verspürt. Ihr ahnt gar nicht, wie reich das Leben wieder wird, wenn man den richtigen Maßstab anzulegen weiß. Ich habe es jetzt gelernt. Und darum gibt es für mich wieder Glück! Es küsst Euch alle drei in großer Liebe, Euer Papa.

Brandenburg (Havel)=Görden

Winterfeldtallee 22

1. Die Gefangenen dürfen alle sechs Wochen einen Brief absenden und empfangen.
2. Jeder Gefangene darf alle vier Monate Besuch Angehöriger empfangen. Die Genehmigung zu einer Sprechstunde muß vorher schriftlich eingeholt werden. Freiumschlag ist beizufügen. Personalausweis muß vorgelegt werden.
3. Unfrankierte und nicht genügend frankierte Briefe, Ansichtskarten, Nahrungs- und Genußmittel, Toilettenartikel, Tabakwaren und Briefmarken werden nicht angenommen. Sollten trotz Verbotes solche Gegenstände hier eingehen, erfolgt Rücksendung auf Kosten des Absenders oder auf Kosten des Gefangenen. Briefe müssen mit Tinte geschrieben sein. Eingehende Briefe, die über vier Seiten gewöhnlichen Briefformats lang, zu eng, zu klein und undeutlich geschrieben sind, werden nicht ausgehändigt. Das gleiche gilt für Briefe, die in kürzeren Fristen eingehen. Die Beifügung von Geld in Briefen ist unzulässig.

Der Leiter.

14

Meine Lieben! Zuallererst alles 6.9.1942
[Gesch]äftliche: Ihr schreibt mir alle 6 Wochen! Nach
[d]er Anrede muss meine Nummer stehn. 660/42. Ich
[s]chreibe Euch erst in 6 Monaten wieder, dann aber alle
6 Wochen! Im letzten Monat habe ich viel gebastelt. Erst
ein Modell vom Haus Pilaburra, dann einen neuen Ent-
wurf für ein kleineres vernünftigeres Haus „Franzi" auch
mit Modell und wollte Euch die Zeichnung schicken. Dann
kam aber die plötzliche Umsiedlung und so ging es nicht.
Dann beschäftigte mich Piles „Kinderheim": Ich habe aber
den Weg verloren und machte ein grosses Internat erst
für 60 dann für 240 Insassen, das modernste was es
wohl auf der Welt gibt. Ein Modell 1:100 hatte ich
auch. Aber falsch war das ganze doch und führte zu einer
Revision meiner ganzen Architekturauffassung. Genau
wie Familienglück am offenen Kamin andere Formen
hat wie bei Zentralheizung, so ist das letzte ausgeklü-
gelte „moderne" der Mord an allem was Sehnsuchts-
inhalt des fühlenden Menschen ist. Wonach man sich

[19] **Winterfeldallee 22**

6. 9. 1942

Meine Lieben! Zuallererst alles Sachliche: Ihr schreibt mir alle sechs Wochen! Nach der Anrede muss meine Nummer stehn. 66o/42. Ich schreibe Euch erst in 6 Monaten wieder, dann aber alle 6 Wochen! Im letzten Monat habe ich viel gebastelt. Erst ein Modell vom Haus Pilabarra, dann einen neuen Entwurf für ein kleineres, vernünftigeres Haus »Franzi« auch mit Modell und wollte Euch die Zeichnung schicken. Dann kam aber die plötzliche Umsiedlung und so ging es nicht. Dann beschäftigte mich Pilas »Kinderheim«. Ich habe aber den Weg verloren und machte ein großes Internat erst für 60, dann für 240 Insassen, das modernste, was es wohl auf der Welt gibt. Ein Modell 1:700 hatte ich auch. Aber falsch war das Ganze doch und führte zu einer Revision meiner ganzen Architekturauffassung. Genau wie Familienglück am offenen Kamin andere Formen hat wie bei Zentralheizung, so ist das letzte ausgeklügelte »Moderne« der Mord an allem, was Sehnsuchtsinhalt des fühlenden Menschen ist. Wonach man sich aber wirklich sehnt, das weiß man erst, nachdem man es verloren hat. Nach meinen Eigenheimentwürfen, bei denen ich unser Leben bis zum letzten im Geiste durchgespielt habe, alles wieder verwarf und im Autowohnwagen, dann wieder im Wohnzelt das Ideal zu finden meinte, bei diesem Spiel also trennte sich Heu und Spreu und zeigte mir Lebenswerte, die ich bis jetzt nicht erkannt habe. Oh Gott, wenn ich sie Euch geben könnte! Euch zeigen könnte, was Glück ist, was Erfüllung! Was ein Händedruck, ein Beisammensein oder auch eine Pellkartoffel bedeuten kann! Welch Reichtum! Und diesen Reichtum habe ich im Augenblick, wo ich wirklich messbar am Tiefpunkt der Armut angelangt bin. Nicht mal zum 12.10. kann ich Barra schreiben! Drum will ich ihr jetzt schon alles Schöne und Gute wünschen, viel Glück und Erfolg, viel Liebe und Heiterkeit. Dazu die ganze leidenschaftliche Liebe meines Herzens, die ich ihr in meinen sonst leeren Händen reiche. Und Pila, Du musst weiter so tapfer und klar sein wie bis jetzt und mir über Euer Leben schreiben! Und Franzi schreibt mir auch 1/3 des Briefes. Ich habe mich beim letzten Besuch so gefreut, dass ich lauter Unsinn redete, statt zu zeigen: Mensch Franz, wie schön, dass Du da bist!!

100 000 Küsse Euch dreien von Papa.

Liebe Franzi! Komische Sachen gibt es. Gestern (nachdem ich rund acht Wochen in Brandenburg bin), wurde ich vorgerufen, bekam meine Zivilkleider wieder an (frisch gebügelt und entfleckt) und wurde nach dem Alex in Berlin gebracht. Was soll das heißen? Auf alle Fälle, dass ich nicht nach Brandenburg zurückkomme.** Im Augenblick, dass ich etwas weiß, werde ich versuchen zu schreiben! Ich habe Euren Brief vor ein paar Tagen erhalten und mich riesig gefreut. Nur Ihr Brief war etwas kurz, was umso schmerzlicher ist, da gerade Ihre Worte mir größte Freude und tiefstes Bedürfnis sind. In diesem neuen Schwebezustand (zwischen 200 Menschen im Saal) bin ich weder erregt noch richtig neugierig. Eher nur interessiert, wie bei einem guten Roman. Man sieht die Verwicklung, steht aber außerhalb. Ich gucke mir also (seit acht Monaten schon) den Film PM an, ohne mich auch nur für fünf Sekunden mit ihm zu identifizieren.

An Euch drei denke ich aber stets, und da bin ich richtig dabei. Mit viel Liebe, die aus der Tiefe kommt; bei Dir Franz gepaart mit Dankbarkeit und nagender Reue! Macht's gut, Ihr Lieben, hofft mit mir auf schönere Akte in meinem Film, der bis jetzt recht gütig und mild zu mir war! Viele Küsse P.

** Im Allgemeinen verheißt das Geschehnis eher Gutes als Schlechtes!

Liebste Franzi! Haben Sie meine beiden Briefe nicht erhalten? Sehnsüchtig warte ich auf Sie. Also mein Fall liegt wie vor: aus Brandenburg bin ich plötzlich in Zivilkleidung entlassen worden mit unbekanntem Ziel. Es ging zum Alex in Berlin, von wo ich Ihnen sofort schrieb. Nach etwa zehn Tagen hieß es, dass ich entlassen werde. Man brachte mich zur Burgstraße[25], von wo aus ich durch Hilfe von zwei jüdischen Ordnern ins Altersheim in die *Große Hamburgerstraße 26* gebracht wurde. Dies ist ein Sammellager für Juden, die nach Polen evakuiert werden sollen. Scheinbar soll ich also mit Straferlass meiner sechs Jahre Zuchthaus abgeschoben werden. Ich habe sofort wieder an Sie geschrieben (diese Briefe werden herausgeschmuggelt) und warte seither vergeblich auf Sie. Man kann hier sogar täglich Besuch empfangen, und wenn man mal nicht durchkommt, so versucht man es am nächsten Tag nochmals. Auch kann man etwas zu essen mitbringen. Solche Pakete werden auch ausgehändigt, wenn der Besuch auch eventuell nicht vorgelassen wird. Ich habe jetzt acht Monate furchtbar gehungert und hier ist es zehnmal so gut wie im Zuchthaus. Aber wenn man 40 Pfund abgenommen hat, ist man ewig hungrig. Bringen Sie mir, wenn Sie also können, etwas mit. Belegte Stullen, ein gutes Brot, vielleicht eine Schrippe, etwas Marmelade und Zucker. Oder etwas Gemachtes: kalte Pfannkuchen, Kartoffelsalat oder ganz egal, was Ihr entbehren könnt. Und noch eine schwerere Bitte!!

Etwas zu rauchen!!! Opfern Sie mal 1–2 Punkte für mich. Kaufen Sie mir Priem (Kautabak). Davon kann man sich fast 20 Zigaretten machen; dabei kostet es nur 1 Punkt. Ich habe die leise Hoffnung, dass ich auf Grund meiner privilegierten Ehe mit einer Arierin trotz meines Hierseins nicht abgeschoben werde, weil hierfür keine gesetzliche Handhabe vorliegt. Wer weiß es aber? Ich muss über all das mit Ihnen sprechen und warte voll brennender Sehnsucht auf Sie.

Küssen Sie die Kinder Ihr PM

[22] (ohne Datum, ca. 20. 12. 1942)

Liebe Franzi, dies ist der Xte Brief an Sie, ohne dass ich weiß, ob einer Sie erreichte. Euer Telephon scheint auch tot zu sein. So weiß ich nicht, wo Ihr seid und was Ihr tut. Ich will daher nochmals meine Wanderung der letzten Zeit beschreiben:

Am 4. September kam ich nach Brandenburg, ein ganz modernes recht freundliches Zuchthaus, hygienisch mit sonnigen luftigen Zellen. Zu dritt im Raum, mit geschorenem Schädel wurde ich zur Schneiderei umgeschult, lernte Maschinenähen, Hemden und Hosen reparieren, Flicken einsetzen und warf recht brav mit Worten wie Kappnaht, umbücken und offenkenntlicher Flick um mich. Bei zehn Stunden Arbeitszeit und schwächster Kost (ich habe vierzig Pfund abgenommen) lebte ich mich rasend schnell ein und schaffte in kürzester Zeit zwei bis zweieinhalb Pensen im Tag, obzwar ein Pensum z. B. im Flicken von zehn Hemden, fünfzehn Hosen oder dreißig Bettlaken bestand. Wie überall seit meiner Reise ab 23. 2. fand ich schnell mein Gleichgewicht und anschließend eine Art Glück. Aus dieser Harmonie wurde ich am 28. Oktober plötzlich herausgerissen, in meine Zivilsachen gesteckt und nach »Unbekannt« auf Transport geschickt. Ich kam auf das Polizeipräsidium am Alex, wo ich rund zehn Tage blieb. In einem Riesensaal zwischen ca. 300 Menschen fand sich schnell ein kleiner Kreis von zehn geistesverwandten Kameraden; wir haben am Abend Vorträge veranstaltet, debattiert – und nicht zuletzt durch die Vermittlung des Stubenältesten recht gut und viel gegessen. Welch Kontrast zur Zelleneinsamkeit des mönchischen Brandenburgs! Am 7.11. kam aus heiterem Himmel die Mitteilung:

P.M. wird *entlassen*! In die Freiheit? Ich mit meinen sechs Jahren Zuchthaus sollte nach 54 Tagen die Freiheit wieder sehn? Die Enttäuschung kam auch recht bald. Man brachte mich in die Große Hamburgerstraße 26 (ein ehemaliges jüdisches Altersheim), das jetzt als Evakuierungslager eingerichtet ist. Also statt Freiheit hieß es: Ab nach Polen! Aber auch hier war ich wieder bald zuhause. Nette Menschen, die mich mit ihrer Liebe förmlich eindeckten, relativ große Freiheit (für Stimmung sorgte schon ich) und reichliches Essen, das neue mir unbekannte Miliö brachte mich auf neue Gedanken. 35 Tage bin ich hier, ohne zu wissen, was mit mir geschieht. Zwei Transporte sind bereits abgefahren, und aus beiden wurde ich ausgeschieden. Teils weil ich Ungar bin, teils weil ich durch meine Ehe mit einer Arierin mit zwei Mischlingskindern ersten Grades nicht evakuierbar bin. Wäre meine Zuchthausstrafe nicht, hätte man mich sogar auf Grund dieser beiden Tatsachen freigelassen. So aber warte ich aufs Ungewisse. Habe sicher zehn Pfund zugenommen, mein Haar ist wieder gewachsen und mein heiterer Gleichmut feiert Triumphe. Mit buddhistischem Lächeln sehe ich tausend Schicksale vor meinen Augen entstehen und vergehen, Hoffnungen zerschellen, Verzweiflungen sich zum Wahnsinn überschlagen und stehe unberührt, fast kalt und jedenfalls sicher wie einer, der alles Leid und alle Angst bereits in seiner

Seele umgeformt hat zu einem Sein jenseits aller Entscheidungen weltlicher Behörden, jenseits der Zeitrechnung und Tagesgeschehnisse. So wird man stark, strahlt Kraft aus und hilft vielen, führend und doch unberührt von fremdem Leid. Und eigenes? Ich habe kein Leid! Ihr drei seid für mich Glaube und Sehnsucht, Traum und Wirklichkeit. Ich habe oft das Gefühl, als ob ich mit all meinen Kräften schaffen müsste, um Euch vor der Erkenntnis dieser hässlichen Welt zu schützen, als ob ich alles sehn und erleben müsste, damit Ihr verschont bleibend den Glauben an diese Welt nicht verliert. Denn ich trage alles leicht, und das Zehnfache kann ich auch ertragen. Nur der Gedanke quält mich:

Wo seid Ihr? Warum habt Ihr kein Telephon? Hat es Euch auch getroffen? Dieser Brief ist auf illegalem Weg zu Euch gelangt. Offiziell gibt es keine Post nach hier und von hier. Aber versuchen Sie es: gehen Sie zur Burgstraße 30, Zimmer 306, Kommissar Starke, und bitten Sie um Sprecherlaubnis mit mir. Wer weiß, wie lange ich noch hier bin. Ich liebe Euch und lebe mit Euch und vergesst mich nicht, Küsse von Papa.

[23] (per Adresse Marlene Poelzig, ohne Datum)

Liebe Frau Marlene!
Ich wünsche Euch ein frohes Fest und ein gutes neues Jahr! Anschließender Brief, den ich Dich zu lesen bitte, ist an Franzi, der ich schon vor Weihnachten per Boten einen Brief sandte und mit Schrecken vernahm, dass meine Familie nicht mehr in der Knobelsdorffstraße wohnt. Ich bitte Dich daher, diese Zeilen so schnell wie irgend möglich zur Franzi gelangen zu lassen. Mehr noch bitte ich Dich! Für den Fall, dass die Meinen nicht in Berlin sind, so flehe ich Dich an, das, was ich Franzi bitte, selbst auszuführen, d. h. mich zu besuchen (etwas was *ganz* ohne Gefahr ist) für mich aber von lebenswichtiger Bedeutung ist.

Ich grüße Euch mit herzlicher Liebe P. M.

Liebe Franzi!
Mein letzter Brief, der etwa am 2o. 12. an Euch ging, brachte auch den Abschied von der Großen Hamburgerstraße. Ich wurde aus dem Evakuierungslager entlassen und zog wieder über die Burgstraße nach dem Alexanderplatz. Dort landete ich in einem Saal von 12o Mann, dessen Stubenältester (ein Ufa Direktor) in Holland lebte und intimer Freund von Mart Stam[26] war. Es ging mir daher recht gut! Gott, es geht mir ja immer gut. Im Saal herrschte zwar ein aristokratisches System mit scharfer Trennung derer, die Fresspakete hatten, und den Habenichtsen, aber ich wurde als Gast der Reichen aufgenommen. Nach ein paar Tagen suchte

man Leute für ein Arbeits-Außenkommando und seit fünf Tagen bin ich mit 15 Kameraden auf Außenarbeit. Prachtvolle Kameraden, herrliche Kerle. Dazu Bauarbeit in Gottes freier Natur. Und was wichtiger ist als alles: die Möglichkeit, mit der Außenwelt in Verbindung zu kommen! Ich schrieb sofort einen Brief an Euch (es war am Weihnachtstag), ein Bote brachte das Schreiben nach der Knobelsdorffstraße und mir die bereits geahnte, gefürchtete Nachricht, dass Ihr dort nicht mehr wohnt. Ich ließ schon früher mal telefonieren und hörte, dass der Anschluss nicht mehr besteht! Dann kam Weihnachten. Wir verlebten den Abend und die »Feste« wie Männer. Ohne Sentimentalität, ohne viel Worte und Gedanken, froh mit gefülltem Magen. Überhaupt dieser Magen! Seit neun Wochen knurrt er nicht mehr, ich glaube sogar, viel zugenommen zu haben. Jetzt zur Sache mein Gutes: Du sollst mich besuchen! Du kannst gefahrlos für alle zu mir kommen, und Du wirst den Weg laut beigefügtem Plan leicht finden. Und komme sofort, denn wer weiß, wo ich wieder verschickt werde, und bringe mir mit: 50 RM, 1 großes Brot, Marmelade, Zucker, etwas Margarine oder was ihr sonst entbehren könnt. Vielleicht etwas Kuchen (ich weiß nicht mehr wie so was schmeckt!)

Ich zittere vor Angst, dass ich weg sein könnte, bevor ein Wiedersehn erfolgt. Ich bete zu Gott, dass mir dies glückt.

Es küsst Euch 3 in Liebe Pali

Anbei der Plan.

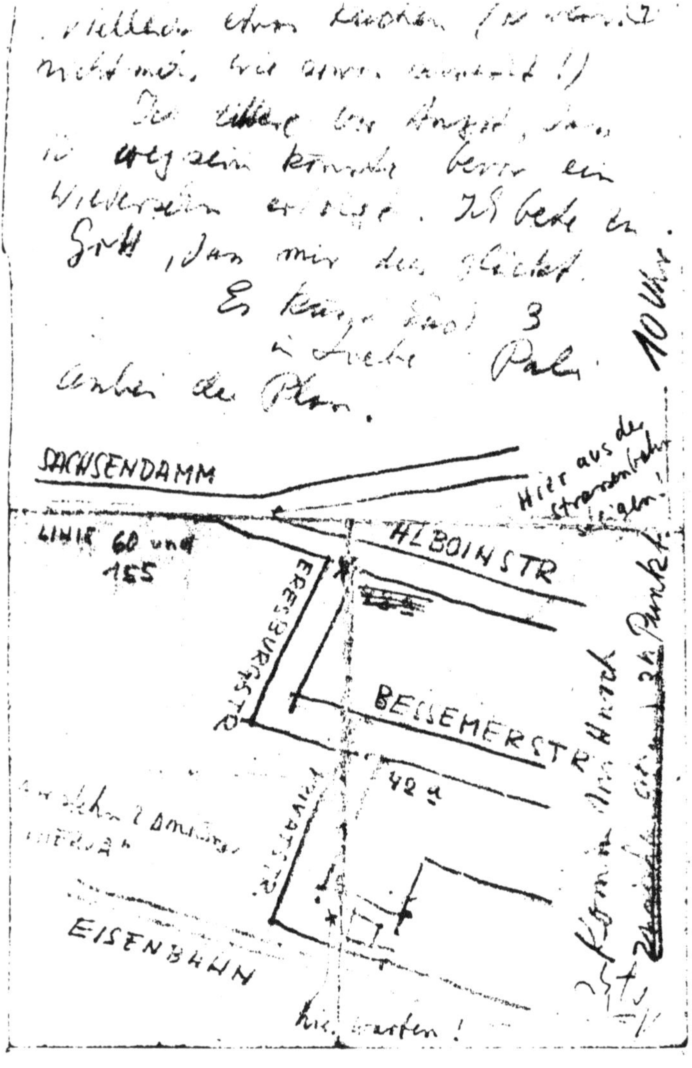
Anbei den Plan.
SACHSENDAMM
LINIE 60 und 155
Hier aus der Strassenbahn steigen!
ALBOINSTR
ERESBURGSTR
BESSEMERSTR
EISENBAHN
hier warten!
10 Uhr.

Prost Neujahr! Hoffentlich habt Ihr durch Frau Poelzig meinen Brief erhalten. Ich erfuhr durch telefonischen Anruf, dass Ihr in Merzig[27] seid, leider aber weiß ich nicht, ob Ihr nur für die Weihnachtstage oder für immer nach dort gezogen seid. Ich habe inbrünstig gehofft, dass Frau P. mich heute hier auf der Baustelle besuchen wird. Entweder erhielt sie meinen Brief nicht, oder sie hatte keine Traute! Mein Glaube an Freundschaft ist heute etwas angeknickt. Vielleicht kommt sie morgen. Der Optimist in mir ist ja nicht zu töten.

Wie glücklich bin ich aber, dass ich wenigstens weiß, wo ihr steckt. Ich kann daher besser an Euch denken und meine Sehnsucht kennt wenigstens die Flugrichtung.

Ich arbeite auf dem Bau als Zwischending von Ingenieur und Arbeiter und fühle mich sehr gut, kräftig und gesund. Ich könnte gerne das Kriegsende hier abwarten. Aber soviel Glück hat man nicht! Ich kann stündlich hier abgerufen werden ins Ungewisse. Aber ich kenne keine Angst. Wer wie ich vor zehn Monaten eine Abrechnung mit dem Schicksal gemacht hat, der ist bloß noch Zuschauer seines eigenen Geschicks. Und irgendwo leuchtet mir doch immer noch das Glück! Wer hat es denn schon je erlebt, dass sich Zuchthaustore, die sich für »sechs Jahre« hinter einem schlossen, bereits nach 56 Tagen öffnen, und wenn man auch nicht ins »Leben« zurückkehrte, so doch in eine Umgebung, die zulässt Schicksal zu haben. Denn hinter Stahltüren gibt es kein Schicksal. Da nutzt die schönste Linie in der Hand nur einen Dreck! Ich denke nach wie vor nur an Euch drei. Ich träume von Euch, und ich liebe Euch und nur eine Angst beseelt mich: was habt Ihr abgekriegt vom Schlag, der mich traf? Warum seid Ihr aus der Wohnung? Habt Ihr Sorgen?

Es küsst Euch innig in niemals endender Liebe Papa.

[25] **Postkarte mit Poststempel vom 3.2.43**

Frau M. Poelzig z.H. Paul und Barbara Meller
Berlin Chlbg. 9, Hölderlinstr. 11
aus dem Zuchthaus Brandenburg Görden, Nr.: 660/42

Meine Lieben, ihr werdet staunen, dass ich wieder im Heimathafen gelandet bin. Aber der Kampf hat allseitig mit dem Sieg geendet, und so wurde ich weder evakuiert noch kam ich ins KZ. Eine dreimonatige Reise – sonst nichts! Jetzt muss ich aber sofort von Euch hören! Der letzte Brief erreichte mich am 23. X. Seither stoppt alles! Was macht Ihr, wo wohnt Ihr!? Was macht die Schule, mein Vater? Meine Schwester. Die Schrift ist etwas wirr! Aber ich habe etwas Grippe und da wackelt die Hand! Was machen Barras Zähne. Ja nichts versäumen.

In der Alten Hamburger 26 liegen meine Uhr und 38 RM. Gehen Sie hin mit Vollmacht und lassen Sie sich's rausgeben.

Seid tausendmal geküsst Papa

[26] **Postkarte mit Poststempel 18. 3. 43**

Paul und Barbara Meller
Berlin Falkensee, Siemensstr. 21
aus dem Zuchthaus Brandenburg Görden

Meine Lieben! Ich liege zwar noch immer im Bett, aber es geht mir gut, und ich habe viel Zeit! Ich lese viel, aber hauptsächlich denke ich an Euch drei und mache mit Euch in der Phantasie die tollsten Ausflüge und Reisen, die dann an Fieberpracht nicht zu übertreffen sind. Oder wir rasen mit Rad durch Ungarn (Babizzi wir beide voran), auf Pilas Rad wackelt unser Zelt, und Franzi kommt kaum mit, mit ihrem hohen Rad. Und wenn wir Durst haben, gibt's saure Milch und den Hunger stillen wir mit Honigbrot! Pila! Schreib mir wieder, was Du liest, oder auch, was Du schreibst. Schreib nicht über Deine Gefühle zu mir (denn die kenn ich), sondern über Dich selbst! Barbara! Meine große Weltkünstlerin. Schreib mir über alte und neue Erfolge und über die neue Schule. Tausend Küsse Papa

Franzi! Bitte postwendende Antwort! Noch was: fabelhaft elegant warst Du beim Besuch! 14. 3. 43

Dokumente und biografische Skizze

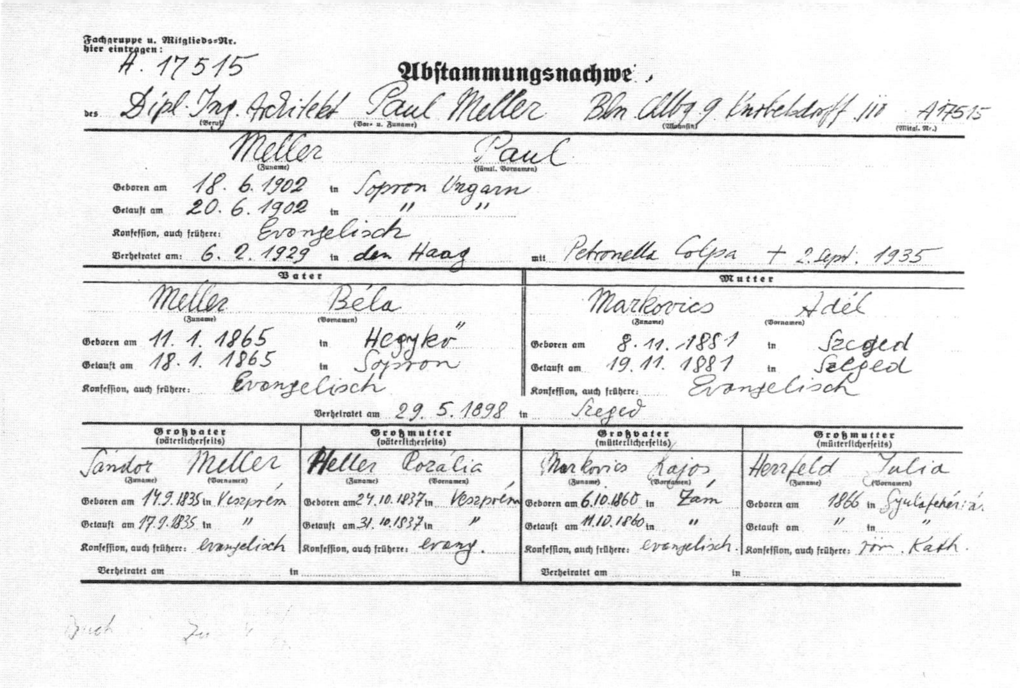

Fachgruppe u. Mitglieds-Nr. hier eintragen: A. 17515

Abstammungsnachwe[is]

des Dipl. Ing. Architekt (Beruf) Paul Meller (Vor- u. Zuname) Bln Albg. 9 Wrobeldorff 110 (Wohnsitz) A17515 (Mitgl. Nr.)

Meller (Zuname) Paul (sämtl. Vornamen)

Geboren am 18. 6. 1902 in Sopron Ungarn

Getauft am 20. 6. 1902 in " "

Konfession, auch frühere: Evangelisch

Verheiratet am: 6. 2. 1929 in den Haag mit Petronella Colpa † 2. Sept. 1935

Vater	Mutter
Meller (Zuname) Béla (Vornamen)	Markovics (Zuname) Adél (Vornamen)
Geboren am 11. 1. 1865 in Hegykö"	Geboren am 8. 11. 1881 in Szeged
Getauft am 18. 1. 1865 in Sopron	Getauft am 19. 11. 1881 in Szeged
Konfession, auch frühere: Evangelisch	Konfession, auch frühere: Evangelisch

Verheiratet am 29. 5. 1898 in Szeged

Großvater (väterlicherseits)	Großmutter (väterlicherseits)	Großvater (mütterlicherseits)	Großmutter (mütterlicherseits)
Sándor (Zuname) Meller (Vornamen)	Heller (Zuname) Rozália (Vornamen)	Markovics (Zuname) Lajos (Vornamen)	Herzfeld (Zuname) Julia (Vornamen)
Geboren am 14.9.1835 in Veszprém	Geboren am 24.10.1837 in Veszprém	Geboren am 6.10.1860 in Zám	Geboren am 1866 in Gyulafehérvár
Getauft am 17.9.1835 in "	Getauft am 31.10.1837 in "	Getauft am 11.10.1860 in "	Getauft am " in "
Konfession, auch frühere: evangelisch	Konfession, auch frühere: evang.	Konfession, auch frühere: evangelisch	Konfession, auch frühere: röm. Kath.
Verheiratet am	in	Verheiratet am	in

Der gefälschte Abstammungsnachweis

Reichskammer der bildenden Künste

Fachgruppe: Architekt

(Bitte deutlich schreiben)

Name (Zu- und Vorname): Meller Paul

Berufsbezeichnung (Titel) Diplom Ingenieur

Wohnort und Wohnung (Stadtteil, Straße, Haus-Nr.): Berlin [illegible]
Knobelsdorffstr. 110

Atelier (Ort, Straße): —

Fernsprecher: Westend [illegible] 12

Geburtsort (Staat, Provinz, Kreis): Oedenburg Westungarn

Geburtstag — Monat — Jahr: 18.6.1902

Staatsangehörigkeit: Ungarn

Religion (auch frühere Religionsangehörigkeit): ev.

Sind Sie arischer Abstammung? Ja

Sind Sie Mitglied der NSDAP, gegebenenfalls seit wann und unter welcher Nr.? —

Sind Sie verheiratet, verwitwet, geschieden? verwitwet

Vor- und Familienname der Ehefrau: Petronella Colpa

Haben Sie Kinder (wieviel, Vornamen)? 2 (Paul und Barbara)

Welche Tätigkeit üben Sie hauptberuflich aus: Entwurf u. Bauführung

Seit wann üben Sie einen kammerpflichtigen Beruf aus? Seit 1925

Sind Sie bereits Mitglied einer anderen der Reichskulturkammer angeschlossenen Kammer (welcher? Nr.) —

Sind Sie bereits Mitglied eines anderen der Reichskammer der bildenden Künste angeschlossenen Fachverbandes (welchen? Nr.) —

Welchen sonstigen Berufsständen gehören Sie an? D. A. F.

Lebenslauf nebst Angaben über die Berufsausbildung: Ich bin am 18.6.1902 in Oedenburg, Westungarn als Sohn des Arztes Dr. Béla Meller geb. Abitur 1920 an der Realschule daselbst. Alsdann Studium an der T.H. Wien bis zum Vorexamen, dann T.H. Karlsruhe. Diplom 1925. Von 1925–1929 am Stadtbauamt in Rotterdam (Holland) beschäftigt, von 1929 bis jetzt als Architekt in Berlin angestellt.

Form. 4.

Das Aufnahmeformular für die Reichskammer der bildenden Künste

Üben Sie Ihren Beruf aus? ja

a) selbständig: –

b) als Beamter: –

c) als Angestellter: bei Prof. Dr. O. Bartning Berlin

d) als Gehilfe: –

e) als Firma des Handelsrechts
als Gesellschaft des bürgerlichen Rechts: –

Welche Werke sind unter Ihrem Namen nach persönlichen Entwürfen ausgeführt:

Wohnhaus Katwyk Holland
" in Pankow
" " Gr. Glienicke
" " Ketzin/Havel

In welchen Wettbewerben haben Sie Auszeichnungen erhalten? (Entwürfe, Skizzen, Veröffentlichungen)

–

An welchen Werken waren Sie hinsichtlich der Entwurfsbearbeitung maßgeblich beteiligt?

Wohnblocks Kiefhoek (Holland) Gustav Adolf-Kirche Berlin, Entbindungsheim d. Roten Kreuzes Luxembourg.

Welcher Künstlervereinigung gehören Sie an? –

Besitzen öffentliche und private Sammlungen Werke von Ihnen? –

Sind Werke von Ihnen auf öffentlichen Plätzen ausgestellt? –

Haben Sie Werke für Reichs-, Staats-, Kommunalbauten und für Körperschaften des öffentlichen Rechts geschaffen? –

Anmerkung:
Sofern die oben angeführten Fragen für Sie nicht zutreffen, bitten wir sie durchzustreichen.
Auf die Bestimmungen der §§ 4, 10 und 28 der ersten Verordnung zur Durchführung des Reichskulturkammergesetzes vom 1. November 1933 (RGBl. I, S. 797) wird besonders hingewiesen.

Berlin 28. I. 1937 (Ort und Datum)

Paul Meller (Vor- und Zuname)

Die Richtigkeit der umstehenden Angaben ist auf Grund der vorgelegten Urkunden festgestellt worden.

Danach ist die umseitig angegebene Person arischer – volljüdischer – dreivierteljüdischer – halbjüdischer – vierteljüdischer*) Abstammung.

, den 193

Reichskammer der bildenden Künste

Der Landesleiter

*) Zutreffendes ist zu unterstreichen

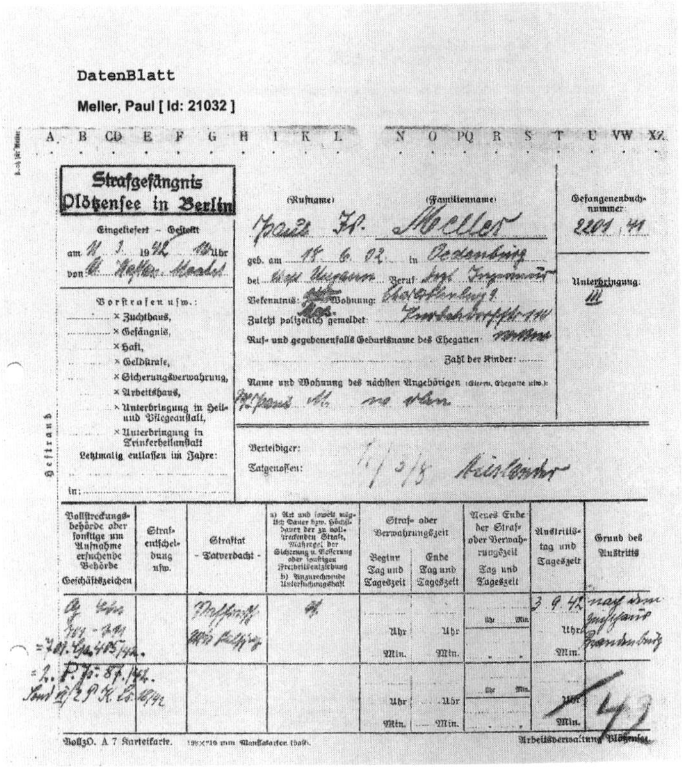

DatenBlatt

Meller, Paul [Id: 21032]

A B CD E F G H I K L N O PQ R S T U VW XZ

Strafgefängnis Plötzensee in Berlin

(Rufname) Paul Fr. (Familienname) Meller

Gefangenenbuchnummer: 2201/41

Eingeliefert – Gestellt am 11. 1. 1942 Uhr von U. Haft. Moabit

geb. am 18. 6. 02 in Oedenburg

bei Ungarn Beruf: Dipl. Ingenieur

Bekenntnis: ... Wohnung: Charlottenburg ...

Zuletzt polizeilich gemeldet: ...

Ruf- und gegebenenfalls Geburtsname des Ehegatten: ...

Zahl der Kinder: ...

Name und Wohnung des nächsten Angehörigen (Eltern, Ehegatte usw.): ...

Unterbringung: III

Vorstrafen usw.:

- × Zuchthaus,
- × Gefängnis,
- × Haft,
- × Geldstrafe,
- × Sicherungsverwahrung,
- × Arbeitshaus,
- × Unterbringung in Heil- und Pflegeanstalt,
- × Unterbringung in Trinkerheilanstalt

Letztmalig entlassen im Jahre:

in:

Verteidiger:

Tatgenossen: ... Ausländer

Vollstreckungsbehörde oder sonstige um Aufnahme ersuchende Behörde Geschäftszeichen	Strafentscheidung usw.	Straftat - Tatverdacht -	a) Art und (soweit möglich) Dauer bzw. Höchstdauer der zu vollstreckenden Strafe, Maßregel der Sicherung u. Besserung oder sonstigen Freiheitsentziehung b) Anzurechnende Untersuchungshaft	Straf- oder Verwahrungszeit Beginn Tag und Tageszeit	Ende Tag und Tageszeit	Neues Ende der Straf- oder Verwahrungszeit Tag und Tageszeit	Austrittstag und Tageszeit	Grund des Austritts
... = 7 O.I. ... 405/42. = 2. P. ... 87/42. Sond ... 2 P K. ... 10/42		...		Uhr Min.	Uhr Min.	Uhr Min.	3. 9. 42 Uhr Min.	nach dem Zuchthaus Brandenburg
				Uhr Min.	Uhr Min.	Uhr Min.	Uhr Min.	

VollzO. A 7 Karteikarte. Arbeitsverwaltung Plötzensee

Die Gefangenenkarteikarte aus Berlin-Plötzensee

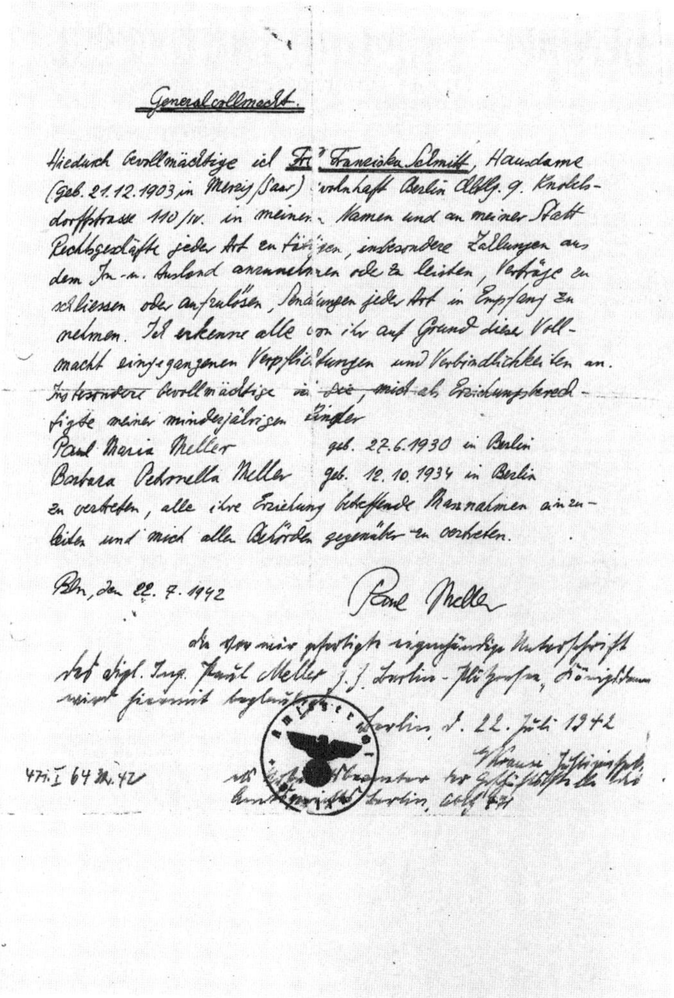

Generalvollmacht.

Hierdurch bevollmächtige ich Fr. Franziska Schmitt, Hausdame (geb. 21.12.1903 in Merzig/Saar) wohnhaft Berlin Wilm. 9. Knobelsdorffstrasse 110/IV. in meinem Namen und an meiner Statt Rechtsgeschäfte jeder Art zu tätigen, insbesondere Zahlungen aus dem In- u. Ausland anzunehmen oder zu leisten, Verträge zu schliessen oder aufzulösen, Sendungen jeder Art in Empfang zu nehmen. Ich erkenne alle von ihr auf Grund dieser Vollmacht eingegangenen Verpflichtungen und Verbindlichkeiten an.

~~Insbesondere~~ bevollmächtige ich ~~sie, mich als Erziehungsberech~~tigte meiner minderjährigen Kinder

Paul Maria Meller geb. 27.6.1930 in Berlin

Barbara Petronella Meller geb. 12.10.1934 in Berlin

zu vertreten, alle ihre Erziehung betreffende Massnahmen anzuleiten und mich allen Behörden gegenüber zu vertreten.

Bln, den 22.7.1942

Paul Meller

Die vor mir gefertigte eigenhändige Unterschrift des Dipl. Ing. Paul Meller z. Z. Berlin-Plötzensee, Königsdamm wird hiermit beglaubigt.

Berlin, d. 22. Juli 1942

Amtsgericht

Justizinspektor als Urkundsbeamter der Geschäftsstelle des Amtsgerichts Berlin, Abt. 871

471. I 64 M. 42

Die Generalvollmacht von Pali Meller für Franziska Schmitt

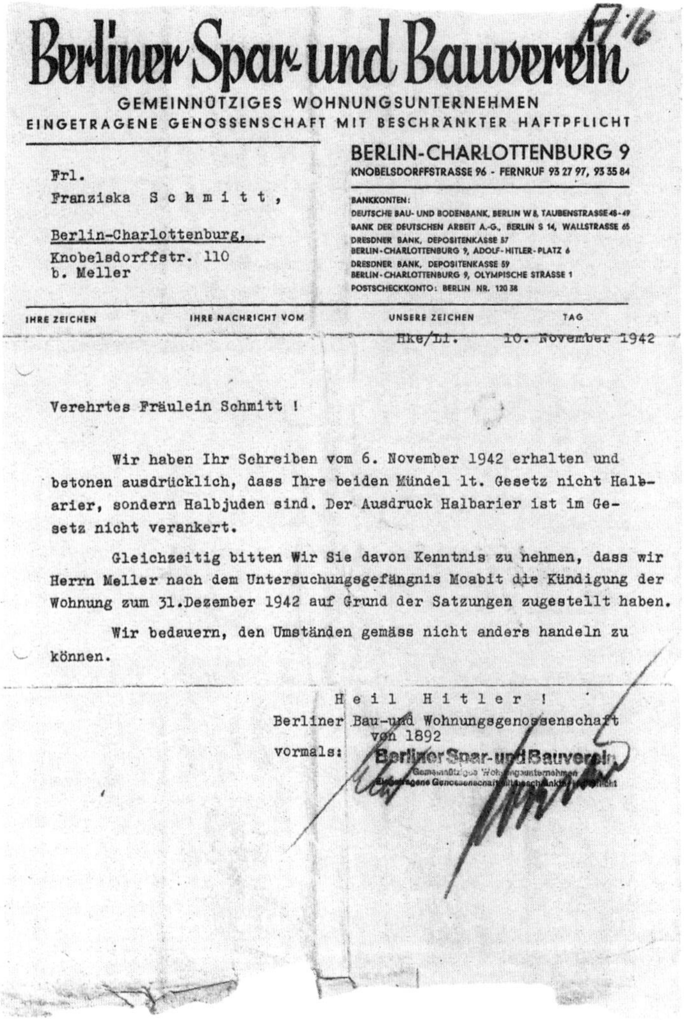

Berliner Spar- und Bauverein

GEMEINNÜTZIGES WOHNUNGSUNTERNEHMEN

EINGETRAGENE GENOSSENSCHAFT MIT BESCHRÄNKTER HAFTPFLICHT

BERLIN-CHARLOTTENBURG 9

KNOBELSDORFFSTRASSE 96 - FERNRUF 93 27 97, 93 35 84

BANKKONTEN:
DEUTSCHE BAU- UND BODENBANK, BERLIN W 8, TAUBENSTRASSE 48-49
BANK DER DEUTSCHEN ARBEIT A.-G., BERLIN S 14, WALLSTRASSE 65
DRESDNER BANK, DEPOSITENKASSE 57
BERLIN-CHARLOTTENBURG 9, ADOLF-HITLER-PLATZ 6
DRESDNER BANK, DEPOSITENKASSE 59
BERLIN-CHARLOTTENBURG 9, OLYMPISCHE STRASSE 1
POSTSCHECKKONTO: BERLIN NR. 120 38

Frl.
Franziska Schmitt,

Berlin-Charlottenburg,
Knobelsdorffstr. 110
b. Meller

IHRE ZEICHEN	IHRE NACHRICHT VOM	UNSERE ZEICHEN	TAG
		Hke/Li.	10. November 1942

Verehrtes Fräulein Schmitt !

Wir haben Ihr Schreiben vom 6. November 1942 erhalten und betonen ausdrücklich, dass Ihre beiden Mündel lt. Gesetz nicht Halbarier, sondern Halbjuden sind. Der Ausdruck Halbarier ist im Gesetz nicht verankert.

Gleichzeitig bitten Wir Sie davon Kenntnis zu nehmen, dass wir Herrn Meller nach dem Untersuchungsgefängnis Moabit die Kündigung der Wohnung zum 31.Dezember 1942 auf Grund der Satzungen zugestellt haben.

Wir bedauern, den Umständen gemäss nicht anders handeln zu können.

Heil Hitler !
Berliner Bau-und Wohnungsgenossenschaft
von 1892
vormals: Berliner Spar-und Bauverein
Gemeinnütziges Wohnungsunternehmen
Eingetragene Genossenschaft mit beschränkter Haftpflicht

Ablehnung des Einspruchs von Franziska Schmitt gegen die Kündigung der Wohnung in der Knobelsdorffstraße 110

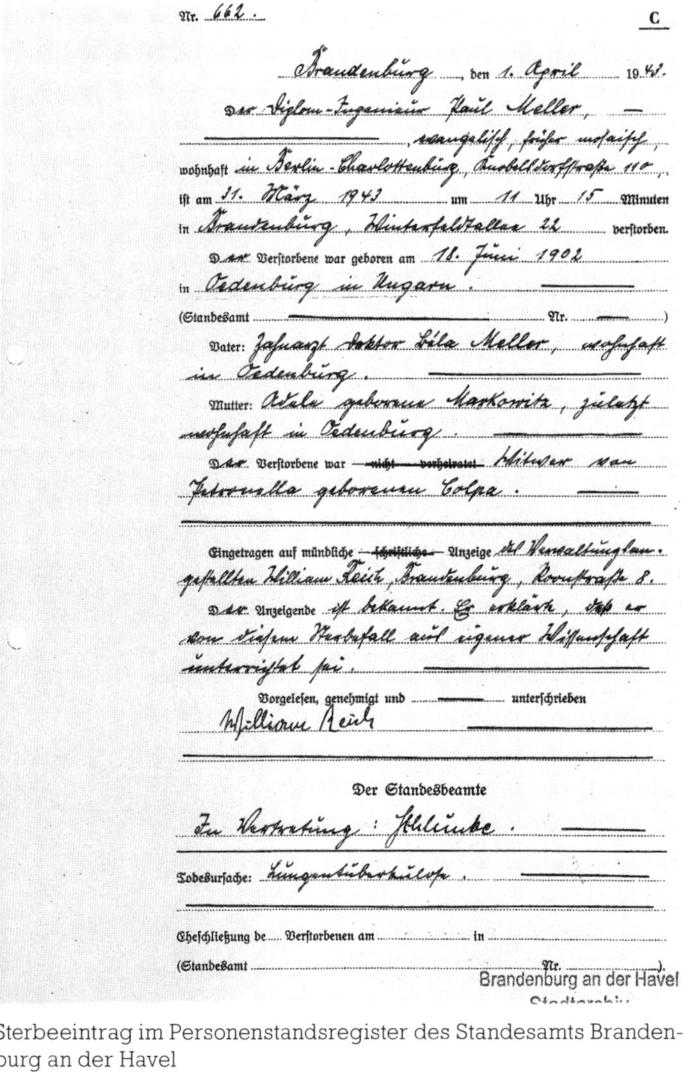

Nr. 662. C

Brandenburg, den 1. April 1943.

Der Diplom-Ingenieur Paul Meller, —

—, evangelisch, früher mosaisch,

wohnhaft in Berlin-Charlottenburg, Knobelsdorffstraße 110,

ist am 31. März 1943 um 11 Uhr 15 Minuten

in Brandenburg, Hinterfeldtallee 22 verstorben.

Der Verstorbene war geboren am 18. Juni 1902

in Oedenburg in Ungarn. —

(Standesamt — Nr. —)

Vater: Zahnarzt Doktor Béla Meller, wohnhaft in Oedenburg. —

Mutter: Adele geborene Markowitz, zuletzt wohnhaft in Oedenburg. —

Der Verstorbene war ~~nicht verheiratet~~ Witwer von Petronella geborene Colpa. —

Eingetragen auf mündliche ~~schriftliche~~ Anzeige des Verwaltungsangestellten William Reich, Brandenburg, Rosenstraße 8.

Der Anzeigende ist bekannt. Er erklärte, daß er von diesem Sterbefall aus eigener Wissenschaft unterrichtet sei. —

Vorgelesen, genehmigt und — unterschrieben

William Reich

Der Standesbeamte

In Vertretung: Schlunke. —

Todesursache: Lungentuberkulose. —

Eheschließung de... Verstorbenen am ... in ...

(Standesamt ... Nr. ...).

Brandenburg an der Havel

Sterbeeintrag im Personenstandsregister des Standesamts Brandenburg an der Havel

Pali Meller – eine biografische Skizze

von Dorothea Zwirner

Pál Meller, genannt Pali, wurde am 18. Juni 1902 in der westungarischen Kleinstadt Sopron/Ödenburg nahe der österreichischen Grenze als Sohn eines wohlhabenden jüdischen Zahnarztes geboren. Er wuchs mit seiner um ein Jahr älteren Schwester Edith und reichlich Personal in dem geräumigen 12-Zimmer Haus auf, wo sein Vater Bélá als Zahnarzt praktizierte. Dieser kam aus dem nahegelegenen Dorf Hegykö und hatte mit 33 Jahren kurz vor der Jahrhundertwende die dreizehn Jahre jüngere Adél Markovits geheiratet, die wie er aus wohlhabenden Verhältnissen stammte. Ein Foto zeigt die junge Mutter mit den Kindern in weißer Festtagsgarderobe (Abb. 1), an den Vater erinnert sich der Sohn später als »in den unerreichbaren Wolken seiner Allmacht« thronend. Dabei war er durchaus kein konservativer Mensch, sondern gehörte dem Reformjudentum an, das in Ungarn als Neologie bezeichnet wurde und moderate Neuerungen im religiösen Leben und Erziehungswesen einführen wollte. Für einen assimilierten Juden wie Bélá Meller ging es dabei weniger um eine Glaubensfrage, als vielmehr um eine liberale und aufgeschlossene Haltung der modernen Welt gegenüber. In dieser Übergangsphase in ein neues Jahrhundert mit neuen Grenzverläufen wuchsen seine beiden Kinder in Sopron/Ödenburg von Anfang an zweisprachig auf. Während man zuhause Ungarisch sprach, wurde in der Schule auf Deutsch unterrichtet. Mit dem Zerfall der k.u.k. Monarchie ließ Pali das fest gefügte, militärisch und aristokratisch geprägte Wertesystem seiner ungarischen Heimat und Jugendzeit hinter sich, um in das neue Zeitalter der Moderne aufzubrechen. Ungarns Staatlichkeit wurde nach dem Ersten Weltkrieg im Vertrag von Trianon 1920 neu geordnet, wodurch das tausend Jahre alte Königreich zwei Drittel seines Gebiets verlor. Dabei fiel das westungarische Burgenland an Österreich mit Ausnahme von Sopron, das sich 1921 in einer Volksabstimmung mit Zweidrittelmehrheit für den Verbleib bei Ungarn entschied. Pali hatte bereits 1920 für die österreichische Staatsangehörigkeit optiert, um nach dem Abitur ein Architekturstudium an der Technischen Hochschule in Wien aufzunehmen, das ihn über Stuttgart, Karlsruhe, Rom wieder nach Karlsruhe führte. In Stuttgart freundete sich der junge Architekturstudent mit dem Kunsthistoriker Hans Hildebrandt und dessen jüdischer Frau, der Malerin Lily Hildebrandt, an, in deren Haus sich die deutsche Avantgarde von Künstlern und Architekten wie Walter Gropius, Oskar Schlemmer, Willi Baumeister und Hannah Höch traf. Der gutaussehende junge Mann (Abb. 2) war ein gern gesehener Gast im Hause Hildebrandt. Als fertiger Diplomingenieur reiste er nach Paris und 1925 nach Holland, wo er vier Jahre am Stadtbauamt von Rotterdam als Mitarbeiter des niederländischen Architekten und Autors Jacobus Johannes Pieter Oud beschäftigt war. Oud war 1917–21 Mitglied der Künstlergruppe De Stijl gewesen und hatte einige Beiträge über moderne Architektur in der gleichnamigen Zeitschrift publiziert. Als Stadtbaumeister von Rotterdam errichtete Oud in den 1920er-

Jahren Wohnanlagen und Siedlungen, wodurch er auch international zu einem der führenden Vertreter des Internationalen Stils wurde. In Holland lernte Pali aber nicht nur die moderne Architektur des Funktionalismus kennen, die er 1927 zusammen mit Oud in der Weißenhofsiedlung in Stuttgart umsetzen konnte; er begegnete in Den Haag auch einer Tänzerin namens Petronella Colpa, die er fortan nur noch Mea nannte und die schon bald seine Frau werden sollte (Abb. 3). Der possessive Kosename entsprang weniger ehelichen Besitzansprüchen als Mellers Wortwitz: Denn er spielte auch auf das »Mea culpa« im katholischen Schuldbekenntnis *Confiteor* und damit auf die Konfession seiner Frau an.

Bald nach der Hochzeit am 6. Februar 1929 zog es das junge Paar nach Berlin, in die Kulturmetropole der Weimarer Republik, wo Pali trotz Wirtschaftskrise und hoher Arbeitslosigkeit im Oktober eine Anstellung bei dem angesehenen Architekten und Kirchenbaumeister Otto Bartning fand. Bartning hatte zusammen mit Walter Gropius 1918 die Bauhausidee entwickelt und das Programm weitgehend formuliert, war jedoch durch den Alleingang von Gropius an der Gründung und Umsetzung in Weimar nicht beteiligt. Nach dem Umzug des Bauhauses nach Dessau 1925 übernahm er die Leitung der neu gegründeten Staatlichen Hochschule für Baukunst und Handwerk in Weimar, die sich als Nachfolgeeinrichtung des Bauhauses auf eine praxisorientierte Architektenausbildung spezialisierte. Als 1930 die Nationalsozialisten in die Thüringische Landesregierung einzogen und den linientreuen Paul Schultze-Naumburg als Direktor einsetzten, zog Bartning zurück nach Berlin, wo er 1932 mit dem Bau der Gustav-Adolf-Kirche begann. An dem Entwurf für die gestaffelte Fächerkirche im Stil der Neuen Sachlichkeit mit expressionistischen Anklängen hatte er bereits 1929 zusammen mit Pali Meller gearbeitet.

Das junge Ehepaar Meller zog in den gerade fertiggestellten Siedlungsbau von Otto Rudolf Salvisberg in der Knobelsdorffstraße im Berliner Westend. Ihre bescheidene Wohnung in der fünften Etage war puristisch und funktional ganz im Stil der Zeit eingerichtet; die Möbel hat der Hausherr sämtlich selbst entworfen (Abb. 6). Auf den Holzböden lagen Sisalmatten, statt Gardinen wurde abends eine Shojiwand vor den Fenstern befestigt. Über der Küchenzeile, die aus einem offenen Geschirrregal und einem Elektrokocher bestand, musste Pali schon bald eine Empore für seinen Arbeitstisch und ein Bücherregal einziehen, um Platz für den Nachwuchs zu schaffen (Abb. 7). 1930 wurde der Sohn Paul Maria geboren, vier Jahre später die Tochter Barbara (Abb. 8 ff.). Beide Kinder wurden wie ihre Mutter katholisch getauft.

Privat wie beruflich bildete das Jahr 1934 mit der Geburt der Tochter und der Einweihung der Gustav-Adolf-Kirche einen Höhe- aber auch Wendepunkt in Pali Mellers Leben. Denn die goldenen Zwanzigerjahre wurden weniger durch seinen dreißigsten Geburtstag im Sommer 1932, als durch den Machtantritt Hitlers 1933 auf radikale Weise beendet. Im Sommer 1935 traf ihn ein weiterer Schicksalsschlag: Bei einer gemeinsamen Autofahrt verunglückte seine Frau tödlich. Pali verlor nicht nur seine junge Frau, sondern auch den ohnehin zerbrechlichen Schutz seiner interreligiösen Ehe. Doch es gelang ihm, seine jüdische Abstammung zu verbergen, und er fühlte sich offenbar aufgrund seiner ungarischen Herkunft in Deutschland weiterhin relativ sicher. Die rechtskonservative Horthy-Regierung Ungarns hatte in Hitler-Deutschland den geeigneten Bündnispartner für ihre revisionistische Politik gefunden, die sie allerdings mit immer größeren Kriegstributen und antijüdischen Maßnahmen bezahlen sollte. Auf einen gebürtigen Ungarn mit österreichischer Staatsangehörigkeit fanden die Nürnberger Rassengesetze von 1935 zwar zunächst noch keine Anwendung. Mit dem Anschluss Österreichs wäre Pali Meller aber nach der offiziellen Terminologie als »Volljude« und Witwer einer »privilegierten Mischehe« einzustufen gewesen, weil er zwei minderjährige Kinder hatte.

Die beiden Kinder wurden nach dem Tod ihrer Mutter zunächst in einem Kinderheim untergebracht, bis Pali nach einem Dreivierteljahr zuerst den Sohn und ein halbes Jahr später auch die Tochter zu sich nach Berlin holte. Mit Hilfe der Haushälterin, Franziska Schmitt (Abb. 13 u. 16), gelang es ihm trotz der latenten Bedrohung ihrer bürgerlichen Existenz und der permanenten Belastung als alleinerziehender Vater, für sich und die beiden Kinder ein relativ geregeltes Leben aufrechtzuerhalten. Dabei ließ er sich weniger von überkommenen Erziehungsvorstellungen leiten, sondern experimentierte mit alternativen Lebensstilen und Leitbildern. Rührende Liebesbeweise und tränenreiche Versöhnungen gehörten zum Repertoire einer emotionsgeladenen und unkonventionellen Pädagogik. Doch Pali liebte nicht nur seine Kinder, sondern auch das Bohemeleben.

Gerne brachte er spätnachts eine Geliebte mit nach Hause. Um sie seiner neusten Freundin vorzustellen, weckte er manchmal die Kinder und ließ sie schlaftrunken kleine Kunststücke aufführen. Der empfindsame und musische Paul war ein eher unsportlicher Junge, der gerne las und sich schon früh an eigenen Gedichten versuchte. Seine temperamentvolle Schwester Barbara sollte wie ihre Mutter Tänzerin werden und erhielt seit ihrem vierten Lebensjahr Unterricht in der Akrobatikschule Kuhn (Abb. 15) und der Ballettschule von Tatjana Gsovsky, einer der berühmtesten Tanzpädagoginnen und Choreografinnen ihrer Zeit.

Auch wenn sich Palis jüdische Abstammung zunächst noch hinter seiner katholischen Ehe verbergen ließ, tanzte er im Berlin der Dreißigerjahre auf einem Vulkan und ging mit jeder Beziehung zu einer »arischen« Frau ein hohes Risiko ein. Denn seit dem »Blutschutzgesetz« von 1935 war nicht nur die Eheschließung, sondern auch der außereheliche Geschlechtsverkehr zwischen Juden und Nichtjuden verboten. Verstöße gegen das Gesetz wurden als Rassenschande bezeichnet und mit Gefängnis oder Zuchthaus bedroht.

Um seinen Unterhalt als Architekt weiter verdienen zu können, hätte Pali nach dem 1933 erlassenen Gesetz Mitglied in der Reichskulturkammer werden müssen, was einen arischen Herkunftsnachweis voraussetzte. Tatsächlich wurde er erst 1937 mit Hilfe eines gefälschten Nachweises und auf Empfehlung Bartnings in die Reichskammer der bildenden Künste, Fachgruppe Architektur, aufgenommen (s. S. 94 f.), wobei er den seit dem 15. 12. 1933 ausstehenden Mitgliedsbeitrag von 93,75 Reichsmark auf Heller und Pfennig erstatten musste. Den gefälschten Nachweis, für den er neben der eigenen Geburts- bzw. Taufurkunde noch die sechs Urkunden der Eltern und Großeltern vorlegen musste, hatte Pali mit Hilfe seiner Schwester Edith erbracht (s. S. 93). Nachdem er bereits im Vorjahr aus der jüdischen Gemeinde in Ödenburg ausgetreten war, hatte Edith die mit protestantischen Konfessionsangaben gefälschten und auf den eingedeutschten Vornamen Paul lautenden Dokumente aus dem Verkauf ihres Soproner Sommerhauses finanziert.

Zwar konnte sich Pali damit im Berliner Machtzentrum wie im Auge des Wirbelsturms in trügerischer Sicherheit wiegen. Doch wie musste er die »Reichskristallnacht« im November 1938 erlebt haben, in der die Berliner Synagogen, jüdischen Geschäfte, Wohnungen, Gemeindehäuser und Friedhofskapellen brannten?

Den Kriegsbeginn erlebten Pali und die Kinder beim Großvater in Sopron, wo sie zum letzten Mal ihre Sommerferien im Landhaus der Familie Meller zusammen mit der ungarischen Verwandtschaft verbrachten. Die Situation in Deutschland ließ es ratsam erscheinen, dass die Kinder nicht nach Berlin zurückkehrten, sondern zur Großmutter Colpa nach Den Haag weiterreisten. Hier verlebten sie das kommende halbe Jahr in Begleitung von Franziska Schmitt und lernten Holländisch, bis sie im Frühjahr 1940 wieder nach Berlin zurückkehrten, weil das Visum der Haushälterin abgelaufen war.

Im ersten Kriegswinter 1939 lernte Pali Edith Gruber, geborene Stübs, kennen, die seit einem Jahr von ihrem Mann getrennt lebte. Aus der Bekanntschaft entwickelte sich eine feste Bindung, so dass Edith im Sommer 1940 zu Pali und seinen Kindern zog. Woran die eheähnliche Verbindung ein Jahr später wieder zerbrach, ist unbekannt. Sicher ist aber, dass Pali sein Bedürfnis nach weiblicher Nähe zum Verhängnis wurde. Die Frage, ob ein Geschehnis »selbstverschuldet oder schicksalhaft« sei, wird später wie ein dunkler Schatten in seinen Briefen auftauchen.

In dieser Zeit hatte Pali Meller auch Marlene Moeschke-Poelzig, die Witwe des 1936 verstorbenen Architekten Hans Poelzig, kennengelernt, die mit ihren drei Kindern 1940 in die Hölderlinstraße 11 direkt in seine Nachbarschaft gezogen war. Die große Altbauwohnung der Poelzigs war ein liberaler und weltoffener Treffpunkt, wo sich auch Widerstandskämpfer wie Harro Schulze-Boysen, Horst Heilmann und Albrecht Haushofer sicher fühlen konnten. Pali und seine beiden Kinder kamen gern und oft zu Besuch, auch wenn Marlene, Alexander und Angelika um einige Jahre älter waren als die Geschwister Meller. Pali freundete sich besonders mit der ältesten, gerade volljährigen Tochter Marlene an, über die er einige ihrer Klassenkameradinnen vom Westend-Lyzeum kennenlernte. Zu diesem Kreis »junger, schöner und fröhlicher Menschen« gehörte auch Rainer Hildebrandt, der Sohn seiner Stuttgarter Freunde Hans und Lily, der in Berlin an der Auslandswissenschaftlichen Fakultät der Deutschen Hochschule für Politik studierte. Dort bildete sich ab 1939/40 ein reger Kreis oppositioneller Dozenten und Studenten, zu dem neben Harro Schulze-Boysen und Horst Heilmann, die Ende 1942 in Plötzensee erhängt wurden, auch Hildebrandts Professor Albrecht Haushofer gehörte, der noch 1945 von den

Nazis ermordet wurde. Der sogenannte Haushofer-Kreis, der den Attentätern vom 20. Juli nahestand, traf sich auch in Pali Mellers Wohnung, wo man ausländische Radiosender hörte und über die politische Lage diskutierte. Für Rainer Hildebrandt war der zwölf Jahre ältere Pali nicht nur die »Seele vieler Zusammenkünfte von Studenten und Haushoferschülern«, sondern auch eine Art Mentor geworden. In seinen regelmäßigen Briefen über die Entwicklung und Fortschritte ihres Sohnes schrieb Pali im Sommer 1941 voller Euphorie an die besorgte Lily Hildebrandt nach Stuttgart: *In den letzten 6 Tagen war ich mit Rainer 6 x zusammen und treffe ihn heute wieder. Er wird Ihnen sicher schreiben, er ist gesund und recht fleißig in seiner Doktorarbeit. Überhaupt der Rainer! Ich muss mich hüten, nicht in Superlative zu verfallen, wenn ich über ihn schreibe, denn was er in diesen Tagen alles für mich tat, hat noch kein Freund, kein Bruder, keine Mutter je für mich getan. Mit bewundernswerter Klarheit und Konsequenz arbeitete er daran schon seit langem mich aus einer höchst verfahrenen und auf die Dauer tötenden Liaison mit Frau Edith (Edith Gruber) herauszumanövrieren und brachte mich, als das Schiff bereits im Sinken war, unter Menschen, die jung, schön und fröhlich waren. Ich griff in diesem Zustand nach einer rettenden Planke – und siehe da; es war keine Planke, es war ein neues Schiff voller Wunder, voller Zauber und Musik. Schiff und Hafen zugleich.* Doch das Schiff sollte bald Schiffbruch erleiden und statt in den sicheren Hafen in die todbringende Haft führen. Denn Palis letzte Liebe galt der Tochter eines überzeugten Nationalsozialisten.

Uschi Milaz (?) war eine Mitschülerin von Marlene Poelzig und eng befreundet mit der Schauspielerin Bettina Moissi, die noch kaum volljährig in kurzer Ehe mit dem bekannten Feuilletonchef des Berliner Tageblatts, Fred Hildenbrandt, verheiratet war. Die beiden jungen Frauen gingen in der Knobelsdorffstraße ein und aus, aßen mit Vorliebe rohe Peperoni und vergnügten sich mit dem geistreichen und warmherzigen Pali. Vermutlich stieß diese Verbindung bei Uschis Eltern jedoch schon wegen des großen Altersunterschiedes auf Ablehnung, so dass Pali kurz vor seiner Verhaftung am 4. Februar 1942 an Hans Hildebrandt schrieb: *Außerdem ist mein »Lebensglück«, das durch ein geliebtes Mädchen verkörpert war auf grauenhafte Art durch die Eltern des Mädchens zerstört worden, und auf ein lückenloses Glück von einem halben Jahr ist das Jahr 1942 gefolgt, das in seiner aussichtslosen Trostlosigkeit mir alle Kraft des Handelns nahm.* Welcher Art die Intervention der Eltern auch immer gewesen sein mag, legt sie in jedem Fall einen Zusammenhang mit Palis Festnahme am 23. Februar 1942 nahe. Voller Empörung und Sorge berichtete Rainer Hildebrandt an seine Eltern in Stuttgart: *Milaz hat es fertig gebracht, den Pali ins Gefängnis [zu bringen]. Wir wissen nicht wo u. was u. überhaupt warum. Nun war auch Haussuchung bei ihm und man wurde auch auf uns aufmerksam. Wir sind alle sehr in Sorge, aber vor allem um Pali, dass man ihm nichts tut, worauf einige Anzeichen hindeuten.* Ob und inwiefern durch Palis Verhaftung bereits die Freunde des Haushofer-Kreises und der Roten Kapelle ins Blickfeld der Gestapo gerieten, lässt sich nicht klären. Offenbar gab es aber Anlass zur Sorge nicht nur um Pali Meller.

Für Palis Familie und Freunde kam die Verhaftung völlig überraschend. Selbst den engsten Freunden war seine jüdische Abstammung offenbar nicht bekannt, so dass Rainer Hildebrandt, dessen Mutter selbst ihre jüdische Abstammung zu verschleiern suchte, nun mit größerer Vorsicht ohne Namensnennung an seine Eltern schrieb: *Genaues was vorliegt in Sachen unseres Bekannten habe ich immer noch nicht erfahren können. Da er jedoch nun nach Moabit hinauskommt, ist zu rechnen, dass die Sache noch länger dauert. Offenbar will man ihm nichtarische Abstammung anhängen, was ich väterlicherseits für ausgeschlossen halte nach dem, was ich persönlich aus seinen Erzählungen über seinen Vater weiss. Falls er es jedoch mütterlicherseits doch sein sollte, könnte sich jemand, der sich für ihn hier ins Zeug setzt u. U. die Finger verbrennen, man müsste deshalb vorher wissen, was und wieviel gegen ihn vorliegt. Das werden wir jedoch wohl in absehbarer Zeit herauskriegen. Zu helfen dürfte ihm deshalb nur sein – und das wäre höchst wichtig – wenn jemand, der zu seinem Vater fährt (Adresse ist Ödenburg, Dr. M., das genügt) mit ihm die Angelegenheit bespricht und dafür sorgt, dass er seinerseits sein Möglichstes tut, insbes. seinen eigenen arischen Nachweis sich schnellstens beschafft, damit sodann seinem Sohn geholfen werden kann.*

Von wem Pali Meller als Jude denunziert worden ist, geht aus der Anklageschrift nicht hervor, in der ihm Urkundenfälschung und »Rassenschande« zur Last gelegt werden. Dass die Denunziation eines jüdischen Mitbürgers zu diesem Zeitpunkt unabsehbare Folgen haben musste, war kein Geheimnis, auch wenn die in der Wannseekonferenz vom 20. Januar 1942 beschlossene »Endlösung der Judenfrage« streng geheim gehalten wurde. Zu den organisatorischen Details der »Endlösung« zählte die genaue Eingrenzung der Opfergruppen, in die nun auch bei bestehenden »Mischehen« der jüdische Teil einbezogen werden sollte. Einen Monat nach der Wannseekonferenz wurde Pali Meller am 23. Februar 1942 verhaftet und über die Justizvollzugsanstalt Moabit am 11. März 1942 in das Strafgefängnis Plötzensee gebracht. Noch immer konnte ein als Jude denunzierter gebürtiger Ungar nicht automatisch in ein Konzentrationslager deportiert werden, sondern musste »ordnungsgemäß« der Justiz übergeben werden. Allerdings repräsentierte das Justizwesen der NS-Zeit nur noch die rudimentären Überreste eines Rechtsstaats und war selbst Teil jenes »Maßnahmenstaats« von Polizei und SS, der mit Terror und Willkür die Ausschaltung von »Gemeinschaftsfremden« zum Ziel hatte. Grundsätzlich aber unterstand weiterhin das Gefängniswesen der Justiz, während die Polizei seit 1933 ihr eigenes System von Konzentrationslagern aufgebaut hatte. Im Unterschied zu den Polizeihäftlingen konnte Pali Meller als Untersuchungshäftling der Justiz zumindest auf ein gerichtliches Urteil rechnen.

Aus der Untersuchungshaft begann er sofort, seinen beiden Kindern, mit Kosenamen Pila und Barra genannt, Briefe über Gott und die Welt, Sprache und Kunst, Beruf und Berufung, Leben und Tod zu schreiben. Aus den 24 Briefen und zwei Postkarten, die Pali in den 13 Monaten bis zu seinem Tod an die Kinder und die Haushälterin Franziska Schmitt schrieb, lässt sich ein intensiver Briefwechsel erkennen, auch wenn die Kinderbriefe nicht erhalten sind. Mithilfe der langjährigen und verantwortungsvollen Haushälterin gelang es, die Kinder zunächst noch im Unklaren über den wahren Grund für das plötzliche Verschwinden ihres Vaters zu lassen. Es hieß, »Papa ist in Ungarn«. Die von der ganzen Familie nur in der Kurzform gerufene Haushälterin Franzi hatte nach dem Tod der Mutter längst die zahlreichen Pflichten und Aufgaben einer Ersatzmutter übernommen. Dennoch blieb stets der im Umgang mit Hausangestellten übliche Abstand gewahrt, auch wenn Franzi gelegentlich als Blitzableiter fungieren musste. Mit der Verhaftung ihres Arbeitgebers, dem sie sich trotz seines aufbrausenden und leichtsinnigen Wesens mit großer Bewunderung verpflichtet fühlte, fiel ihr von heute auf morgen eine Verantwortung ganz anderer Art zu, der sie sich wie selbstverständlich stellte. Denn es galt, den beiden »halbjüdischen« Kindern nicht nur Mutter und Vater zu ersetzen, sondern diese auch vor der drohenden Gefahr antisemitischer Diskriminierung und Verfolgung zu beschützen. Pali wusste, dass er sich auf die zupackende und bodenständige Franzi verlassen konnte, die mit ihren Schützlingen Fahrradausflüge durch die Jungfernheide vorbei an der Gefängnismauer unternahm, um dem Vater einen heimlichen Blick auf seine Kinder zu ermöglichen. Immer wieder mahnte er Pila und Barra zum unbedingten Gehorsam ihr gegenüber und beschwor Franzi, seinen Platz bei den Kindern einzunehmen. Sie war der »Kapitän«, der das in Seenot geratene Schiff steuerte, sie galt Pali als sein gottgegebener »Arm zum Handeln«, sein »großes Glück«. Denn sie musste den Kindern nicht nur die Eltern, sondern auch das Heim ersetzen, das er als »Heimstättenbauer« nicht hatte errichten können. Voller Dankbarkeit, in die sich nur ganz leise Skrupel mischten, legte Pali das Schicksal seiner Kinder in die strengen Hände von Franzi, der er im Vorfeld der Verhandlung eine Generalvollmacht und die Vormundschaft für seine Kinder übertragen hatte (s. S. 97).

Pali schien sich mit erstaunlicher Gefasstheit in sein ungewisses Schicksal zu fügen. Einerseits wollte er die Kinder nicht das Ausmaß seiner Sorgen und Nöte spüren lassen, andererseits musste er mit der Zensur sämtlicher Briefe rechnen, was eine offenherzige oder gar kritische Schilderung seiner Situation ausschloss.

Tatsächlich erging es Pali in den ersten fünf Monaten seiner Untersuchungshaft – bis auf den ständigen Hunger – noch relativ gut. Im März 1942 wurden erneute Lebensmittelkürzungen vorgenommen, die für erhebliche Unruhe in der Bevölkerung sorgten. Von den drastischen Rationierungen, die am 6. April bekannt gegeben wurden, war auch die ohnehin schon karge Gefängniskost betroffen. Doch es gab einen regelmäßigen Briefverkehr zwischen ihm und den Kindern, zunächst wöchentlich, dann nur noch alle zwei Wochen. Insgesamt sind 17 Briefe aus den 27 Wochen in Plötzensee erhalten, zwei weitere sind offenbar an den Sender zurückgegangen, weil sie möglicherweise zu umfangreich waren oder die Zensur nicht passiert hatten. In umgekehrter Richtung wurde mindestens einer von etlichen Kinderbriefen wegen ungebührlichen Umfangs nicht ausgehändigt. Auf dem Postweg konnten auch Fotos, Briefumschläge und Zeichnungen mitgeschickt werden. Neben dem Briefverkehr bestand jeden zweiten Montag eine Besuchsmöglichkeit, die Franzi regelmäßig nutzte, um die gewünschten Zeichenutensilien oder Sanitärartikel mitzubringen. Der Brief- und Besuchsrhythmus unterbrach den streng geregelten und monotonen Alltag, den Pali mit Lesen, Zeichnen und Basteln verbrachte, da für die Untersuchungshäftlinge keine reguläre Beschäftigung oder Arbeit vorgesehen war. Immerhin konnte er die Gefängnisbibliothek nutzen und sich mit anderen Gefangenen austauschen, wie die mehrfache Erwähnung eines Mithäftlings namens Hans belegt. Er wurde zum Freund und Vertrauten, »einem lebenden Märchenbuch«, mit dem Pali nicht nur die Liebe zu Kunst und Literatur, sondern auch die wöchentliche Kinderpost teilte.

Von Anfang an schrieb Pali seine Briefe an die beiden erst sieben- und elfjährigen Kinder im Bewusstsein der großen Bedeutung, die dieser schriftliche Gedankenaustausch einmal haben würde. Dabei versuchte er immer wieder sowohl den kleinen Ereignissen im Alltag der Kinder als auch seiner väterlichen Verantwortung aus der Ferne gerecht zu werden. Als Pädagoge war Pali ein ehrgeiziger und ambitionierter Bildungsbürger, der größten Wert auf die Ausbildung seiner Kinder legte. Abgesehen von dem ordentlichen Schriftbild und der korrekten Schreibweise, die er stets anmahnte oder lobte, galt sein Augenmerk einer musisch künstlerischen Erziehung. So nahm er regen Anteil an Barras Tanz- und Akrobatikausbildung, interessierte sich für die Zeugnisse der Kinder, ermutigte Pila in dessen dichterischen Versuchen mit einfühlsamen, wenn auch etwas schulmeisterlichen Verbesserungsvorschlägen, mahnte ihn zur körperlichen Ertüchtigung und erörterte berufliche Fragen mit ihm. Als alleinerziehendes Familienoberhaupt war Pali ein unternehmungslustiger Kamerad, der von Fahrrad- und Zelttouren schwärmte, ein aufgeschlossener Avantgardekünstler, der der Fantasie seiner Kinder keine Grenzen setzten wollte, ein ratgebender Freund, der seinen Kindern die schweren, aber nicht die eigenen Erfahrungen abnehmen wollte, vor allem aber war er ein liebevoller und zärtlicher Vater. Dass ihm bei dieser Aufgabe nicht nur Franzi, sondern auch die Kraft einer differenzierten und bisweilen poetischen Sprache zu Gebote stand, war für ihn Trost und Ansporn, für die Kinder Herausforderung und Prägung.

Immer wieder reflektierte er in seinen Briefen über die Möglichkeiten und Grenzen der Sprache, indem er diese in Beziehung zum Gedanken, zum Gefühl und zur Dichtung setzte. Dabei zeigte sich nicht nur seine eigene Sprachbegabung, sondern auch das Interesse an den sprachphilosophischen Themen seiner Zeit, die er den Kindern so einfach wie möglich nahezubringen versuchte. Mit Palis Diktum »Es gibt also keine Gedanken, ohne das *Wort*, ohne die *Sprache!!*« machte er sich den Ausgangpunkt des 1921/22 erschienenen *Tractatus Logico-Philosophicus* von Ludwig Wittgenstein zu Eigen, mit dem ihn das theoretische Interesse für Sprache und Architektur verband. Meller ging es jedoch weniger um die logisch-philosophischen Konsequenzen aus dieser Einsicht, als vielmehr um eine künstlerisch-praktische Einführung in diese Thematik für seinen »Dichtersohn«.

Für einen modernen Architekten des Funktionalismus galt es, die »höchste Verbindung zwischen Inhalt und Form« zu erreichen, auch in der Dichtkunst.

Mehr noch als die Liebe zu Sprache, Dichtung und Literatur versuchte Pali seinen Kindern in jedem Brief etwas von seiner Lebenserfahrung und -einstellung zu vermitteln, die für ihn auf dem Glück des tätigen und schöpferischen Menschen beruhte. Denn Palis Talent zum Glück, das ihn selbst in der Gefangenschaft nicht verließ, war das Talent zur Kreativität, die er auch bei seinen Kindern spürte. Mit ohnmächtiger Kraft und beschränkten Mitteln wollte er für sie ein Bild ihres Vaters in all seinen Facetten entwerfen, das ihnen als Erinnerung und Vorbild dienen sollte. Einen literarischen Höhepunkt in dieser Hinsicht bildet Palis Brief anlässlich seines 40. Geburtstags am 18. Juni 1942, in dem er sein bisheriges Leben wie einen Kurzfilm entlang einer Kette aus einzelnen Worten Revue passieren lässt. Diese poetische Kurzbiografie verdichtet sich noch einmal in einer Reihe von Selbstporträts, die er seinem Sohn Pila zum zwölften Geburtstag schenkte (s. S. 49). Aus den zehn Zeichnungen, die zwischen dem 8. Juni und dem 26. Juli datieren, blickt ein markantes Gesicht mit zurückgekämmten, dunklen Haaren, buschigen Brauen über den schweren Augenlidern und Oberlippenbart. Die undurchdringliche Mimik der scharf geschnitten Gesichtszüge mit hoher Stirn, schmalen Wangen und dunklen Augenschatten lassen das Bild eines Mannes hervortreten, der sich dem Blick des Betrachters ebenso schonungslos aussetzt wie dem eigenen Spiegelbild.

Pali Meller verbrachte fast vier Monate in völliger Ungewissheit über den weiteren Prozessverlauf. Während der Untersuchungshaft galt es zunächst, seine »rassische Abstammung« zu überprüfen, wofür das Reichssippenamt zuständig war. Durch eine Anfrage beim Standesamt in Palis Geburtsstadt Sopron musste sich leicht feststellen lassen, dass sein »Ariernachweis« gefälscht war und er bis 1936 der jüdischen Glaubensgemeinschaft angehört hatte. Mit dem Nachweis seiner jüdischen Abstammung wurde er jedoch nicht nur der Urkundenfälschung überführt, sondern auch der »Rassenschande« bezichtigt. Dieser Straftatbestand konnte nur durch die Zeugenaussage der beteiligten Frauen nachgewiesen werden, deren arische Abstammung ebenfalls überprüft werden musste. Zudem war die Strafverfolgung ausländischer Juden durch die 1. Ausführungsverordnung zum »Blutschutzgesetz« vom 14. November 1935 an die Zustimmung des Ministeriums des Innern und des Reichsjustizministeriums gebunden. Insofern musste bei einem gebürtigen Ungarn auch die Frage der Staatsangehörigkeit geklärt werden. Da er Angehöriger einer befreundeten Nation war, hätten die zuständigen Ministerien vermutlich keine Handhabe gegen Pali Meller gehabt. Vorausschauend hatte dieser bereits 1933 das Gesuch zur Erlangung einer Bescheinigung gestellt, »dass er im Laufe seines vierjährigen Aufenthaltes in Deutschland die deutsche Staatsangehörigkeit nicht erlangt hat: *Ich bin als geborener Ungar durch Option im Jahre 1920 österreichischer Staatsbürger und bin zwecks Heimatrechtszuweisung von der österreichischen Landes-Regierung aufgefordert, eine Bestätigung darüber beizubringen, dass ich die deutsche*

Staatsbürgerschaft seit meinem Aufenthalt in Deutschland weder nachgesucht noch erlangt habe.« Und offenbar hatte er sich rechtzeitig vor dem Anschluss Österreichs wieder auf seine ungarische Staatsangehörigkeit besonnen, wie die entsprechende Angaben beim Aufnahmeantrag in die Reichskulturkammer von 1937 belegen (s. S. 94). Jedoch wurde er laut Anklageschrift als staatenlos eingestuft: »Die ungarische Staatsangehörigkeit hat der Angeschuldigte, weil er bereits länger als 10 Jahre ununterbrochen im Auslande gelebt hat und keine Erklärung über die Aufrechterhaltung seiner Staatsangehörigkeit abgegeben hat, nach Auskunft des Königl. Ungarischen Generalkonsulats verloren.« Damit war Pali Meller als staatenloser Jude der deutschen Justiz auf Gedeih und Verderb ausgeliefert.

Die Anklage gegen Pali Meller wurde vom Generalstaatsanwalt beim Landgericht als Leiter der Anklagebehörde des Sondergerichts vor dem Sondergericht beim Landgericht Berlin erhoben. Die seit 1933 eingerichteten Sondergerichte waren in der Vorkriegszeit vor allem für die politisch eingestuften Straftaten zuständig, seit 1936 auch für Verstöße gegen das »Blutschutzgesetz«, die als »Rassenschande« bezeichnet wurden. Somit kam Pali Mellers Fall vor das Berliner Sondergericht seines Stadtbezirks Charlottenburg.

Angesichts der bevorstehenden Verhandlung am 3. August 1942 versuchte Pali seinen Sohn auf die kommenden Veränderungen eines eingeschränkten Briefverkehrs und die Möglichkeit einer dauerhaften Trennung vorzubereiten. Mit einer Reihe fordernder Mahnungen appellierte er an die brüderliche und männliche Verantwortung seines Erstgeborenen, während er für Franzi einen letztwilligen Maßnahmenkatalog für den Notfall erstellte.

Mit der Verurteilung durch ein Berliner Sondergericht zu sechs Jahren Zuchthaus wegen Urkundenfälschung und »Rassenschande« war die letzte Hoffnung auf ein baldiges Wiedersehen mit seinen Kindern zerstört. Das hohe Strafmaß entsprach der zunehmend verschärften Urteilspraxis der Sondergerichte. Grundsätzlich war nach § 2 des »Blutschutzgesetzes« vom 15. 9. 1935 »außerehelicher Verkehr zwischen Juden und Staatsangehörigen deutschen oder artverwandten Blutes verboten« und wurde nach § 5 Abs. 2 mit Gefängnis oder Zuchthaus bestraft. Die Strafbestimmung betraf allerdings nur männliche Straftäter, da die Gerichte zur Überführung auf die Zeugenaussagen der Frau angewiesen waren, die sich bei Straffreistellung nicht mehr auf ihr Zeugnisverweigerungsrecht berufen konnte. Das Strafmaß reichte von einem Jahr Gefängnis bis zu acht Jahren Zuchthaus, wobei jüdische Delinquenten meist härter bestraft wurden als deutsche. In einzelnen Fällen wurden auch Höchststrafen von bis zu 15 Jahren, Entmannung oder sogar die Todesstrafe verhängt. Insgesamt sind mehr als 2000 jüdische und nichtjüdische Männer im Dritten Reich als »Rassenschänder« verurteilt worden.

In dem verbleibenden Monat bis zu Palis Haftantritt im Zuchthaus Brandenburg-Görden gab es keinen weiteren Briefkontakt. Auch verschlechterten sich die Haftbedingungen zunehmend, was Pali in seinem letzten Brief aus Plötzensee kaum zu erkennen gab oder geben durfte. Doch seine schwärmerische Beschäftigung mit dem architektonischen Entwurf des nach seinen Kindern benannten »Haus Pilabarra« in seiner Geburtsstadt Sopron zeugt von einer wachsenden Sehnsucht und Verzweiflung, die nicht zuletzt dem ständigen Hunger geschuldet war. Als mindestens so schlimm wie den Mangel an Nahrung erlebte Pali aber den Mangel an Briefen, der mit der Verlegung nach Brandenburg-Görden am 4. September verbunden war. In der modernen, für ihre schonungslose Zwangsarbeit berüchtigten Haftanstalt, wo Pali zehn Stunden am Tag in der Schneiderei arbeiten musste, durften die Gefangenen nur alle sechs Wochen Briefe schreiben und empfangen.

Die als Musteranstalt des Strafvollzugs der Weimarer Republik erbaute Strafanstalt Brandenburg-Görden galt als das modernste und sicherste Zuchthaus Europas. Zu den Insassen zählten kriminelle Straftäter, zum Tod Verurteilte, Sicherungsverwahrte, Untersuchungs- und Kriegsgefangene. Den größten Anteil bildeten jedoch die politischen Gefangenen, von denen zeitweise über die Hälfte wegen Hochverrats verhängte Strafen verbüßten. Seit 1940 war das Zuchthaus auch Hinrichtungsstätte, wo noch bis kurz vor Kriegsende insgesamt 2031 Personen hingerichtet worden sind.

Wie sehr die wöchentlichen Kinderbriefe zu seinem Lebenselixier geworden waren, wurde Pali umso schmerzlicher bewusst, als er nach dem 20. Oktober 1942 überhaupt keine Briefe mehr erhielt. Offenbar hatte Franzi vergeblich versucht, mit dem Hinweis auf die arische Mutter ihrer beiden Mündel die drohende Kündigung der Wohung abzuwenden (s. S. 98). In Hinblick auf das Mietverhältnis mit Juden, das in einem Gesetz vom 30. April 1939 geregelt war, wurden zunächst »nichtprivilegierte Ehepaare«, seit 1942/43 aber auch »privilegierte Ehepaare«, bei denen der Ehemann als Jude galt, zur Aufgabe ihrer Wohnungen gezwungen.

Das Leben in Berlin und der weitere Kontakt zu ihrem als Juden denunzierten Arbeitgeber musste Franzi zu gefährlich erschienen sein, so dass sie ohne Nachricht oder Abschied mit den Kindern nach Falkensee geflüchtet war. In der am westlichen Berliner Stadtrand gelegenen Ortschaft hatte sie mit den beiden Kindern Unterschlupf bei Familie Gilgenberg gefunden, die abseits vom Berliner Machtzentrum ebenfalls in einer »privilegierten Mischehe« mit ihrer kleinen Tochter Gisela lebte. Franzi hatte die zum Katholizismus konvertierte Jüdin Sofia Gilgenberg in der Ballettschule von Tatjana Gsovsky kennengelernt, wo die beiden Mädchen Gisela und Barbara zusammen in der Meisterklasse trainierten. Trotz der eigenen Bedrohung hatte Sofia Gilgenberg nicht gezögert, die drei von heute auf morgen in ihrem kleinen Haus mit aufzunehmen. Ihr Mann Paul Josef, der als Architekt für Siemens in Speyer arbeitete, richtete einen Kellerraum für die beiden Kinder her, der gleichzeitig als behelfsmäßiger Luftschutzkeller diente. Dank eines geheimen Warnsystems, das einige Bürger Falkensees, darunter der Pfarrer und ein SS-Offizier, eingerichtet hatten, wurden die beiden Frauen vor jeder Razzia gewarnt, um das Haus rechtzeitig verlassen zu können. Gegenüber den Kindern hieß es, sie unternähmen einen Kinobesuch in Berlin, um sich aber tatsächlich bei einem

Nachbarn zu verstecken. Während die beiden Mädchen so weit wie möglich von der bedrohlichen Wirklichkeit abgeschirmt wurden, musste Pila als Ältester der Kinder in die Situation eingeweiht werden, um im Notfall entsprechend reagieren zu können. Als die Gestapo eines Tags vor der Tür stand, erklärte er absprachegemäß, dass beide Mütter nach Berlin ins Kino gefahren seien, worauf die Männer unverrichteter Dinge wieder abzogen. Unter dem Druck der Angst und Bedrohung weihte Pila aber schließlich Gisela in das Geheimnis ihrer jüdischen Herkunft ein, das sie bis über das Kriegsende hinaus wahrten.

Während die Kinder in Falkensee neue Freunde fanden und zur Schule gingen, wurde Pali am 28. Oktober überraschend ins Polizeipräsidium am Alexanderplatz verlegt. Die Überführung vom Zuständigkeitsbereich der Justiz in den der Polizei betraf nicht nur Pali Meller. Vermutlich gehörte er zu jener ersten Gruppe von Strafgefangenen, die der neu ernannte Reichsminister der Justiz, Otto-Georg Thierack, in geheimer Absprache mit Heinrich Himmler vom 18. September 1942 zur »Vernichtung durch Arbeit« vorgesehen hatte. Von Anfang November 1942 bis April 1943 wurden fast 15 000 Gefangene vor Ablauf ihrer regulären Haftzeit an die Polizei übergeben und in Konzentrationslager überführt. Schon vor dieser »generellen Abgabe« hatte es immer wieder Versuche der Gestapo gegeben, sich bestimmter Gefangengruppen, insbesondere jüdischer Häftlinge, zunächst nach, dann auch vor ihrer Freilassung zu bemächtigen. Entsprechend belief sich die Gesamtzahl jüdischer Häftlinge zu diesem Zeitpunkt auch nur noch auf eine kleine Minderheit. Dem Historiker Nikolaus Wachsmann zufolge gab es selbst in Berlin, wo traditionell die meisten Juden in Deutschland lebten, Anfang 1942 nur noch 89 jüdische Justizgefangene.

Schnell war Palis kurze Hoffnung auf Entlassung geschwunden, als er zehn Tage später über die Burgstraße in ein Evakuierungslager gebracht wurde, das sich in einem ehemaligen jüdischen Altersheim in der Alten Hamburgerstraße befand. Von hier gelang es ihm, weitere Kassiber an Franzi herauszuschmuggeln, die über seinen ungewissen Haftverlauf in Polizeigewahrsam berichteten. Immer noch klammerte er sich an die Hoffnung, dass er aufgrund seiner »privilegierten Mischehe« nicht deportiert werden könne, weil dafür keine gesetzliche Handhabe vorlag. Tatsächlich war auch nach der Auflösung einer Mischehe durch Scheidung oder Tod des nichtjüdischen Ehepartners der hinterbliebene jüdische Partner noch immer relativ geschützt, sofern er minderjährige Kinder hatte. Zwar traf diese Konstellation auf die Familie von Pali Meller zu, aber da die »Privilegien« nur für reichsdeutsche Juden galten, war seine Situation so gut wie hoffnungslos.

Obwohl bereits zwei Transporte das Lager Richtung Polen verlassen hatten, galt seine größte Sorge nicht der drohenden Deportation, sondern der Ungewissheit über den Verbleib seiner Familie. Nachdem auch der fünfte Brief seit seiner Verlegung nach Berlin unbeantwortet geblieben war, wandte sich Pali in zunehmender Verzweiflung an Marlene Poelzig mit der dringenden Bitte, seine Nachricht an Franzi weiterzuleiten und ihn zu besuchen. Die äußeren Bedingungen seiner Gefangenschaft hatten sich unterdessen sogar verbessert: Die Versorgungslage war weniger prekär als in Brandenburg, und immer wieder gelang es Pali, Gleichgesinnte und Gesprächspartner zu finden. Mit stoischer Haltung arrangierte er sich mit jeder neuen Situation, freute sich über den Arbeitseinsatz auf einer Baustelle im Freien und ertrug alles, nur nicht die Ungewissheit über das Schicksal von Franzi und den Kindern. Kurz vor Silvester erfuhr er wenigstens, dass sich die drei in Westdeutschland bei Franzis Familie aufhielten, wo sie in dem Haushalt der drei Schwestern vorübergehend eine Zeit der Wärme und Geborgenheit erlebten.

Tatsächlich blieb Pali von der Deportation verschont, sei es aufgrund seines ungarischen Herkommens oder seiner familiären Situation. Noch immer konnte der Familienstand einer »privilegierten Mischehe« einen gewissen Schutz bieten: Der mutige Protest zahlreicher Ehepartner und Familienangehöriger aus »Mischehen« in der Rosenstraße sollte Ende Februar 1943 die Freilassung der dort verhafteten Juden bewirken. Doch für Pali hieß die Alternative nicht Freilassung oder Konzentrationslager. Er kehrte nach drei Monaten zwischen Hoffnung auf Freiheit und Angst vor der Deportation in das Zuchthaus Brandenburg-Görden zurück.

Mit Poststempel vom 3. Februar 1943, am selben Tag, als das Oberkommando der Wehrmacht offiziell den Untergang der 6. Armee in Stalingrad eingestand, meldete sich Pali mit bitterer Ironie zurück aus dem »Heimathafen«. Die Postkarte war adressiert an Marlene Poelzig zu Händen von Paul und Barbara Meller. Damit war er zwar dem KZ entkommen, doch sein Überlebenswille war durch eine Grippe geschwächt. Die dringende Aufforderung zu einer sofortigen Rückmeldung, die wacklige Handschrift und die wirren Fragen sprechen für sich.

Siebzehn Tage vor seinem Tod schrieb Pali vom Krankenbett zum letzten Mal an seine geliebten Kinder. In der Fantasie seiner Fieberträume unternahm er eine Fahrradtour durch seine ungarische Heimat mit den drei Menschen, die ihm die nächsten waren, mit Pila, Barra und Franzi.

Diese Karte hat er am 14. März direkt in die Siemensstraße in Falkensee geschickt. Von der neuen Adresse musste Franzi ihm erzählt haben, als sie gleich nach ihrer Rückkehr aus Westdeutschland eine Besuchserlaubnis bekommen und nach Brandenburg gefahren war, wo sie nach sechs Monaten ihren Arbeitgeber zum ersten und letzten Mal wiedersah. Aus dem leidenschaftlichen und feinsinnigen Künstler war ein abgemagerter, kranker und gebrochener alter Mann geworden.

Pali Meller starb laut Sterbeeintrag am 31. März 1943 an Lungentuberkulose (s. S. 99). Tbc war eine der häufigsten Todesursachen, an der allein in Brandenburg-Görden 437 Häftlinge während der NS-Zeit gestorben sind. Zwar wurden die erkrankten Häftlinge in einer gesonderten Baracke untergebracht, jedoch erhielten nur wenige privilegierte »Volksgenossen« überhaupt eine medizinische Behandlung. Zudem herrschten in der berüchtigten Tbc-Baracke von Brandenburg-Görden besonders unmenschliche Zustände, weil ein zum Saalältesten ernannter Häftling dort unter Ausnutzung seiner Sonderstellung die kranken Mithäftlinge misshandelte, indem er ihnen Nahrung vorenthielt, sie schlug oder in einer Kiste in einen unbeheizten Nebenraum abschob. Neben brutaler Gewalt wurde den Verantwortlichen nach dem Ende der Nazi-Herrschaft auch der unsachgemäße Einsatz von Injektionen vorgeworfen, der den Hintergrund bilden könnte für die in Mellers Familie sowie in einer Notiz von Rainer Hildebrandt überlieferte Vermutung, dass Meller im Zuchthaus vergiftet oder mit Bakterien infiziert worden sei. Auch wenn sich dieses Gerücht nicht beweisen lässt, gehört Pali Meller zu den insgesamt rund 20 000 Justizgefangenen, die durch Mangelernährung, Vernachlässigung und Zwangsarbeit ums Leben gekommen sind, ohne die Tausende von Hinrichtungsopfern mitzuzählen.

Nach Pali Mellers Tod trug Franziska Schmitt als Vormund die alleinige Verantwortung für die beiden minderjährigen Kinder. Während Mutter und Tochter Gilgenberg kurz vor Kriegsende nach Speyer flüchteten, konnten Franzi, Pila und Barra noch bis 1947 im Haus der Familie Gilgenberg in Falkensee bleiben. Franzi bekam Arbeit bei der Post und ermöglichte es damit auch, dass Barra den Ballettunterricht wieder aufnehmen konnte.

Palis Eltern blieb die Nachricht vom Tod ihres Sohnes erspart, denn seine Mutter war bereits 1925 an einem Krebsleiden, sein Vater 1942 im Alter von 77 Jahren gestorben. Die Schwester Edith hatte mit ihrem Mann Eugen Jenö Kolb und der gemeinsamen Tochter Shoshanna im Sommer 1944 die letzte Chance ergriffen, das seit Frühjahr besetzte Ungarn zu verlassen, während ihre bereits erwachsene Tochter Agnes in Budapest im kommunistischen Untergrund überlebte. Familie Kolb gehörte zu den 1684 Juden, die durch geschickte Verhandlungen zwischen dem jüdischen Rettungskommittee Vaada und der für die Vernichtung der ungarischen Juden zuständigen SS-Behörde aus Budapest ausreisen durften. Der Zug fuhr jedoch nicht in die ersehnte Freiheit, sondern endete zunächst in Bergen-Belsen, wo diese Kasztner Juden genannte Gruppe sechs Monate ausharren musste. Eugen Jenö Kolb hat in dieser Zeit Tagebuch geführt, das einen erschütternden Einblick in den Lageralltag gibt. Nach zähen Verhandlungen zwischen Resö Kasztner und der SS-Behörde erfolgte im Dezember 1944 schließlich die Weiterreise in die Schweiz. Von hier aus wanderten viele der geretteten Kastzner Juden, darunter auch die Familie von Palis Schwester, nach Israel aus, wo Shoshanna heute noch mit ihrem Sohn und den Enkeln in Tel Aviv lebt.

Zwei Jahre nach Kriegsende siedelte Franzi mit den Kindern in eine eigene Wohnung nach Berlin-Kladow um, wo Barbara neben der Schule ihre Tanzausbildung fortsetzte und erste Engagements an der Staatsoper Berlin erhielt. Damit konnte sie schon als Elfjährige zum Unterhalt der Familie beitragen, während ihr Bruder wegen einer Tuberkulose vorübergehend bei der holländischen Großmutter in Den Haag lebte.

Aus Pila wurde nun der wie sein Vater genannte Pali, der sein letztes Schuljahr in der Benediktinerabtei Michaelsberg in Siegburg verbrachte. Anschließend studierte er an der Meisterschule für Grafik, Druck und

Werbung in Berlin und fand seine erste Anstellung bei der Deutschen Grammophon in Hannover, der er später nach Hamburg folgte, wo er sein Leben lang blieb. 1955 heiratete er die Schulfreundin seiner Schwester, Digne Bontjes van Beek. Das junge Paar gab sich den erweiterten Familiennamen Meller Marcovicz nach Palis ungarischer Großmutter, unter dem Digne bis heute als Fotografin, Filmemacherin, Journalistin und Autorin firmiert und den auch ihre 1955 geborene Tochter Gioia trägt, die als Möbeldesignerin in London und Venedig lebt.

Ein Jahr vor ihrem Bruder heiratete Barbara Anfang 1954 den angehenden Juristen und späteren WDR-Intendanten Friedrich Wilhelm von Sell. Bald nach ihrem Schulabschluss hatte sie mit einer Schauspielausbildung am Max-Reinhardt-Seminar in Berlin-Grunewald begonnen, die sie 1955 abschloss. 1956 und 1958 wurden die Kinder Julia und Philipp geboren, die heute beide von Berlin aus in kreativen Berufen tätig sind. Mit der Geburt der Kinder war zwar Barbaras künstlerische Laufbahn zunächst unterbrochen, wandelte sich aber im Laufe ihres Lebens zunehmend in ein soziales und politisches Engagement, für das sie 1986 mit dem Bundesverdienstkreuz ausgezeichnet wurde.

Zeitlebens blieb Barbara mit ihrem Bruder eng verbunden. Während Palis Ehe nach zehn Jahren geschieden wurde, blieb seine leitende Stellung bei der Deutschen Grammophon Gesellschaft die große Konstante in seinem Leben. Er starb 2002 im Alter von 72 Jahren in Hamburg, sechs Monate später starb auch seine Schwester Barbara.

Dass Paul und Barbara als »halbjüdische«, staatenlose Waisenkinder in den Berliner Kriegs- und Nachkriegsjahren überlebten, verdanken sie in erster Linie der couragierten Haushälterin Franziska Schmitt. Auf ihren Antrag wurde 1952 das Urteil gegen Pali Meller aufgehoben. 1957 wurde im Standesamt von Berlin-Schmargendorf postum mit Wirkung vom 18. September 1939 die Ehe zwischen Pali Meller und Franziska Schmitt geschlossen und ihr damit die Pensionsansprüche von Pali Meller zuerkannt. Sie starb 1974 im Alter von 68 Jahren. Eine Gedenktafel an der Gustav-Adolf-Kirche erinnert an das Schicksal von Pali Meller.

Anmerkungen

[1] Rainer Hildebrandt (1914–2004), ein enger Freund Pali Mellers, siehe die biografische Skizze, S. 108.

[2] Peter Bartning (1913–1942), der Sohn des Architekten Otto Bartning (1883–59), bei dem Pali Meller in Berlin angestellt war.

[3] Marlene Moeschke-Poelzig (1894–1985), Witwe des Architekten Hans Poelzig, und ihre drei Kinder, bei Mellers kurz »Poe« genannt, die einen Häuserblock entfernt in der Hölderlinstr. 11 wohnten.

[4] Vermutlich Ella Zahn, die Frau des Kunsthistorikers Leopold Zahn.

[5] Ein schlesisches Dorf im Landkreis Breslau, in dem auch der im folgenden Satz erwähnte Kurort Obernigk liegt.

[6] William Hervey Allen, Antonio Adverso, zuerst erschienen 1933, deutsch 1935.

[7] Der Raub der Sabinerinnen. Schwank in vier Akten von Franz und Paul von Schönthan, Uraufführung: 21.09.1884; der Theaterdirektor in diesem Stück heißt Emanuel Striese.

[8] S. Anm. 3.

[9] Barbara Meller und ihre Freundin Gisela Gilgenberg nahmen Unterricht bei der russischen Choreographin und Ballettmeisterin Tatjana Gsovsky (1901–1993) und in der Akrobatikschule Kuhn.

[10] Gisela Gilgenberg, siehe Anm. 9 und die biografische Skizze, S. 122.

[11] Gustav Meyrink, Der Fluch der Kröte, in: ders., Des Deutschen Spießers Wunderhorn, Gesammelte Werke, Band 4, Teil 2, München 1913, S. 216–221.

[12] Walter B. Pitkin, Das Leben beginnt mit Vierzig, Berlin 1936.

[13] Vermutlich Uschi Milaz (?), siehe die biografische Skizze, S. 109f.

[14] Lutz Fütterer, unmittelbarer Nachbar in der Knobelsdorffstraße, ebenfalls Architekt und Patenonkel von Barbara.

[15] Albert Schweitzer (1875–1965), der Theologie und Philosophie, Orgel und Medizin studiert hat, arbeitete als Pfarrer und Theologieprofessor, bevor er als Arzt nach Afrika ging. Er war auch ein bedeutender Organist, allerdings nicht mit einer Anstellung am Straßburger Münster. »Zwischen Wasser und Urwald.

Erlebnisse und Beobachtungen eines Arztes im Urwalde Äquatorialafrikas« ist zuerst 1921 erschienen.

[16] Rainer Maria Rilke: Die Weise von Liebe und Tod des Cornets Christoph Rilke, erscheinen 1906.

[17] Emmanuel Strickelberger: Der Reiter auf dem fahlen Pferd: Ein Buch vom Mongolen Dschinggis-Khan und seinem abendländischen Gegenspieler, erschienen 1937.

[18] Erschienen 1936.

[19] Edward Bulwer-Lytton: The last days of Pompeii, London 1834, deutsch erstmals 1841.

[20] Ferdinand Avenarius, Hausbuch deutscher Lyrik, erschienen 1902.

[21] Der Rechtsanwalt, Schriftsteller und Dramatiker Carl Haensel (1889–1968) erwirkte für Franziska Schmitt nach Pali Mellers Tod die Vormundschaft für Paul und Barbara.

[22] Otto Bartning, s. Anm. 2.

[23] Anspielung auf Zarathustras Rede »Vom Biss der Natter« in Friedrich Nietzsche: Also sprach Zarathustra.

[24] Sopron ist der ungarische Name von Mellers Geburtsstadt Ödenburg.

[25] In der Burgstraße 28 befand sich von 1941–43 eine Dienststelle des Reichssicherheitshauptamts, die Staatspolizei Leitstelle Berlin, zu der u. a. eine Zweigstelle des berüchtigten »Judenreferats« der Gestapo gehörte.

[26] Der niederländischer Architekt Mart Stam (1899–1968).

[27] Wohnort der Familie von Franziska Schmitt im Saarland.

Quellen- und Literaturverzeichnis

1. Quellen

Archiv Alexandra Hildebrandt, Mauermuseum – Museum Haus am Checkpoint Charlie, Berlin

Pali Meller an Lily Hildebrandt, ohne Datum (S. 109)

Pali Meller an Prof. Hildebrandt vom 4. 2. 1942 (S. 110)

Rainer Hildebrandt an seine Eltern, ohne Datum (S. 110)

Rainer Hildebrandt an seine Eltern, ohne Datum (S. 111)

Archiv von Sell, Berlin

Generalvollmacht von Pali Meller für Franziska Schmitt vom 22. 7. 1942 (S. 97)

Ablehnung des Einspruchs gegen die Wohnungskündigung vom 10. 11. 1942 (S. 98)

Brandenburgisches Landeshauptarchiv

Rep. 214 (Dokumente des Forschungsinstituts Zuchthaus Brandenburg)

Bundesarchiv Berlin

Bestand Reichskulturkammer/Bildende Künste (ehem. BDC): Aufnahmeformular Meller, Paul (S. 94 f.)

Gedenkstätte deutscher Widerstand Berlin

Datenblatt 21032: Gefangenenkarteikarte Berlin-Plötzensee (S. 96)

Landesarchiv Berlin

A Pr.Br. Rep. 030-06: Polizeipräsidium Berlin, Staatsangehörigkeitssachen Nr. 27147 (S. 118 f.)

A Rep. 355, Nr. 2373: Anklageschrift

Stadtarchiv Brandenburg an der Havel

Nr. 266: Sterbeeintrag im Personenstandsregister Brandenburg an der Havel (S. 99)

2. Literaturverzeichnis

Hildebrandt, Rainer: *Wir sind die letzten*, Berlin 1946

Kirsch, Karin und Gerhard: *Die Weissenhofsiedlung*, Stuttgart 1987, S. 94 ff., 174

Kuder, Ulrich: *Architektur und Ingenieurwesen zur Zeit der nationalsozialistischen Gewaltherrschaft 1933–1945*, Berlin 1997, S. 164 ff.

Meyer, Beate: »Fragwürdiger Schutz – Mischehen in Hamburg 1933–1945«, in: dies. (Hg.), *Die Verfolgung und Ermordung der Hamburger Juden 1933–1945*, Göttingen 2006. S. 79–88

Przyrembel, Alexandra: *»Rassenschande«. Reinheitsmythos und Vernichtungslegitimation im Nationalsozialismus*, Göttingen 2003

Roth, Alfred: *Begegnung mit Pionieren: Le Corbusier, Piet Mondrian, Adolf Loos, Josef Hoffmann, Auguste Perret, Henry van de Velde*, Basel/Stuttgart 1973, S. 32, 49, 126

Schimmler, Bernd: *Recht und Gerechtigkeit, Zur Tätigkeit der Berliner Sondergerichte im Nationalsozialismus*, Berlin 1984

Uhlmann, Walter (Hg.): *Sterben um zu Leben, Politische Gefangene im Zuchthaus Brandenburg-Görden*, Köln 1983

Wachsmann, Nikolaus: *Gefangen unter Hitler, Justizterror und Strafvollzug im NS-Staat*, München 2006

Warhaftig, Myra: »Jüdische Architekten vor und nach 1933«, in: *Architektur und Ingenieurwesen* 1997, S. 157–177

Warhaftig, Myra: Paul Meller, in: dies., *Deutsche jüdische Architekten vor und nach 1933 – Das Lexikon*, Berlin 2005, S. 348–350

Was bleibt, ist Hoffnung. Eine Briefdokumentation aus Brandenburger Konzentrationslagern, Zuchthäusern und Gefängnissen der NS-Zeit 1933–1945, Potsdam [2]1995

Wörmann, Heinrich-Wilhelm: *Widerstand in Charlottenburg*, Widerstand in Berlin von 1933 bis 1945, Heft 5, hg. v. Gedenkstätte Deutscher Widerstand, Berlin 1991, S. 156

Das Zuchthaus. Eine Ausstellung über das faschistische Zuchthaus Brandenburg, 1990

Das Kinderbuch *Zwischen zwei Scheiben Glück* von Irene Dische (München 1997) geht auf das Schicksal Pali Mellers und seiner Kinder zurück, wobei die Autorin die Briefe nicht im Wortlaut, sondern lediglich aus Erzählungen des Sohnes kannte.

Sämtliche Fotografien stammen aus dem Privatbesitz der Familie.